Der stumme Schrei nach Liebe

oder

Burnout und Depression

Prävention und Behandlung von Angst, Stress und geistiger Erschöpfung.

Mit diesem einfachen neuen Weg schaffst es auch DU ganz leicht aus Angst, Ablehnung, innerer Leere, Stress und Überforderung herauszukommen.

Lerne aus der Angst vor Überforderung und innerer Leere, neue Energie und Schaffenskraft zu schöpfen.

Auf Veränderung zu hoffen,
ohne selbst etwas dafür zu tun,
ist wie am Hauptbahnhof zu stehen
und auf ein Schiff zu warten!

Inhaltsverzeichnis:

Bevor es richtig zur Sache geht.....

Absolute Erschöpfung, innere Unruhe, die Nächte ein Alptraum und massiver Energiemangel. Schmerzhafte, körperliche Beschwerden, Leistungs- und Zeitdruck, Mobbing und Konkurrenzdenken setzen vielen Menschen derart zu, dass sie daran zerbrechen - nichts geht mehr - sie brennen aus. Diese schockierende Erfahrung wirft die Betroffenen völlig aus der Bahn, hilflos sehen sie zu, wie ihnen das Leben entgleitet.

Burnout (Belastungsdepression) und Depressionen werden von der Schulmedizin gleich behandelt mit einer Kombination aus Psychotherapie und Psychopharmaka. Psychopharmaka werden heute leider verkauft wie Haribos.

Du wirst auch die Situationen kennen, dass du vor lauter Ärger, Angst und Wut nicht mehr weißt, was du als Nächstes tun sollst. Was du sagen sollst. Du fühlst dich vollkommen kraftlos und ausgeliefert, vollkommen demotiviert, hilflos und vielleicht auch niedergeschlagen? Das sind oft die ersten Vorstufen einer Depression, eines Burnout. Hilfe und Heilung zu finden ist oft ein langer, schwieriger und mühsamer Weg!

Darum hier noch ein Geschenk: 4 Lektionen aus dem Bootcamp, eine 30 Tage Challenge mit täglichen Aufgaben um einfach wieder in die Gelassenheit und Freude zu kommen.

Angst Wut Hass in einer neuen Dimension auflösen

Klicke einfach hier: Kostenloser Zugang für 4 Lektionen

Ein brandneuer, erstaunlich praktischer Weg aus der Hölle

Die einfache Wahrheit, es fehlt uns die innere Begeisterung. Es sind uns einfach bestimmte Glaubenssätze und Muster nicht bewusst. Viele Urteile über uns selbst sorgen dafür, dass unser Selbstbewusstsein in den Keller rutscht. Besonders wenn du Anerkennung suchst und versuchst diese Anerkennung von außen zu holen. Dann neigt man auch noch dazu, Verantwortung zu übernehmen und an Land zu ziehen, die nicht zu uns gehört, die gar nicht in unseren Kompetenzbereich gehört. Auch dies erzeugt eine Menge Stress. Wenn z.B. ein Mensch ein Großteil seiner Kreativität einsetzen muss für Dinge, die ihn eigentlich gar nicht interessieren, die ihn nicht berühren, dann bleibt die innere Persönlichkeit außen vor.
Das führt zu einer Frustration, wenn das persönliche Potential eines Menschen nicht berücksichtigt wird. Und es führt zu einem Denken, dass das alles sinnlos ist, was ich mache. Das ist eine sehr schwierige Situation. Die medizinische Forschung zeigt, dass man ohne einen Sinn im Leben, ohne dieses Sinn-Empfinden kaum gesund bleiben kann.

Dann können noch körperliche Symptome auftreten wie ständige Müdigkeit, Kopfschmerzen, Rückenschmerzen, Magenbeschwerden, Schlafstörungen und so weiter. Es tut lange Zeit nicht weh, bis dann das große Burnout kommt, das dann richtig weh tut, das sich aber schon lange vorher abgezeichnet hat.

Beantworte dir doch mal ganz ehrlich die nachfolgenden Fragen:

Hastest du von Termin zu Termin, bist du im Stress und spürst nicht wie du deine Kraftreserven langsam aufbrauchst?
Kostet es dich unendlich viel Kraft auf den Beinen zu bleiben?
Signalisiert dein Körper: Keine Lust, aus, vorbei, Ende?
Lautet deine Parole: Durchhalten?
Kannst du die Urteile, die du über dich selbst fällst, nicht mehr ertragen?

Gerade Macher und Siegertypen sind gefährdet, weil sie sich über ihren Kopf sehr stark in ihre Arbeit hinein stressen können. Sie können auch viele Symptome mit dem Kopf wegdrängen. Sie sagen, ich will das schaffen, ich muss das schaffen und ahnen gar nicht, dass wenn sie das entspannter und lockerer machen würden, sie dies mit großer Leichtigkeit hinbekommen würden und sich dabei nicht so anstrengend müssten. Aus der Entspannung kommt nämlich die Kraft und nicht aus der Anstrengung. Das verwechseln sehr viele.

Die Burnout Depression, ein Phänomen, das immer weiter um sich greift. Etwa neun Millionen Deutsche leiden an dem Burnout Syndrom.

Ziel des Buches

Bist du gut genug?
Sehr verbreitet ist der Glaube, dass wir nicht gut genug sind. Damit kann sich fast jeder identifizieren. Das hat verschiedene Richtungen und Ursachen: ich bin nicht gut genug, ich bin nicht hübsch genug, ich bin nicht jung genug, ich bin nicht reich genug, ich bin ich schlank genug! Das ist jedoch immer nur die grundlegende Einschränkung, nicht genug zu sein. Auf keinen Fall ist dies die Wahrheit!

Also denke bitte einmal darüber nach, wenn ich für mich selbst nicht gut genug bin, von mir selbst glaube, dass ich nicht gut genug bin, dann ist es ein natürlicher Ausgleich, dass wir versuchen werden, genug zu werden. Wie sieht das dann aus?

Das könnte ein extremer Perfektionismus sein, es einem anderen Menschen unbedingt recht machen zu wollen. Es könnte sein, dass du viel zu aufopferungsvoll im Umgang mit anderen bist oder dass man sich nicht um sich selbst kümmert und Zuneigung und Akzeptanz von anderen zu gewinnen sucht, auch bei der Arbeit, in Beziehungen, das hat aber enorme Kosten. Ja, es ist wirklich sehr anstrengend, wenn der, der ich bin, nicht genug ist. Dann entwickelt man Strategien um dies zu kompensieren.

Im Grunde genommen heißt das: ich bin nichts, aber ich werde alles tun, um das zu überwinden und um besser zu werden. In der Zwischenzeit wird nur der Glaube bekräftigt, dass ich nicht gut bin und so geht es dann immer weiter. Die Menschen leiden wirklich auf heimtückische Weise. Es ist eine tiefe unbewusste Beschränkung, die die ganze Zeit da ist und jeden Tag langsam an uns nagt, wenn man diesen Glauben in sich hat.

Zu lernen, damit richtig umzugehen und vor allen Dingen erst einmal zu erkennen, was es alles bewusst oder unbewusst über dich selbst denkt.

Zu erkennen, dass alles mit einfachem Stress und Druck beginnt, der, wenn der Körper nicht mehr richtig regulieren kann, über schlechte Stimmung, einfaches Unwohlsein, kleinere Schmerzen und Krankheiten, bis hin zu Burnout und Depression wachsen kann. Die neue moderne Volkskrankheit: Burnout. Verstehen, vermeiden oder wie ich aus dem sogenannten Burnout herausgewachsen bin.

Ich hatte schwere Depression und Burnout diagnostiziert bekommen und nach einer sehr langen Lähmungsphase mein Leben wieder in die Hand genommen. Du kannst das auch schaffen.

Es ist ein einfacher Weg und weil kaum jemand sich vorstellen kann, dass es wirklich so leicht ist, geht man ihn nicht. Tu es wirklich. Beginne wieder an dich zu glauben und daran, dass auch du es schaffen kannst! Du hast es auf jeden Fall verdient, glücklich zu sein. Nimm auch du dein Leben in die Hand und beginne neu.

Wir Menschen können uns selbst beobachten und reflektieren.

Fragen wie die folgenden werden hier in diesem Ratgeber in einfacher und verständlicher Sprache thematisiert. Du erhältst viele Tipps und Anregungen, die leicht umsetzbar sind und mit deren Hilfe du einen Befreiungsschlag aus der Hilflosigkeit in ein glückliches und erfülltes Leben ganz leicht realisieren kannst.

- Wie kann ich dieser absoluten Erschöpfung entgegentreten?

- Kann der unbestreitbare, massive Energiemangel geheilt werden?
- Kann ich Burnout vermeiden?
- Kann ich lernen, gut mit meinen übermächtigen Gefühlen umzugehen?
- Wie kann ich ungewollte automatisierte Reaktionen verhindern?
- Woher kommt die Unfähigkeit, Nein sagen zu können?
- Wie komme ich zurecht, in dieser immer komplexer werdenden Welt?

Heutzutage lernen wir Menschen kaum unser Innenleben zu verstehen, zu beeinflussen und zu kultivieren. Wir Menschen können uns selbst beobachten und reflektieren, das kann man lernen. Wir reagieren alle automatisiert und spüren einfach nicht mehr, wann wir überfordert sind. Üben und Umsetzen muss man's natürlich immer selbst. Das bleibt Niemandem erspart.

Wie kannst du als Betroffene/r in einem zunehmend stressigen Lebensumfeld die wahren Gründe für dieses Phänomen Burnout selbst auf einfache Weise erst einmal verstehen und dann beeinflussen?

Da immer mehr Aufgaben in kürzerer Zeit erledigt werden sollen, geht man im Allgemeinen davon aus, dass der wachsende Druck Schuld an Burnout ist. Bessere Organisation, Stress, Zeitnot und ständige Erreichbarkeit sind nicht die alleinige Ursache. Wieso brennen die einen aus, während die anderen in der Lage sind, weitaus größere Belastungen wegzustecken?

Das Phänomen Burnout begleitet dich bis in jede Körperzelle. Dorthin, wo die tägliche Energie erzeugt wird. Man spricht nicht umsonst davon, dass die Batterien leer sind. Ein Leben am Limit! Beim Burnout kommt diese Energieproduktion ins Stocken bis hin zum völligen Zusammenbruch. Der Körper macht nicht mehr mit. Die Automatisierung negativer Denkprozesse ist einer der Hauptgründe für die Entstehung von Depressionen und Burnout. Hierauf kommen wir später ganz detailliert zurück.

Das Thema Burnout betrifft ja nicht nur das Arbeitsleben eines Menschen, sondern auch ganz besonders sein Privatleben. Wenn die Partner z.B. ständig immer wieder aneinander vorbei reden und irgendwann auch aneinander vorbei leben, dann ist das auch ein Hinweis auf eine Burnout Gefährdung. Da beginnt man sich isoliert zu fühlen und ist ganz schnell am Resignieren.

Doch soweit muss es gar nicht kommen. In diesem Buch findest du völlig neue Wege, die eigene Belastungsgrenze nicht zu überschreiten, deine eigenen Fähigkeiten zu stärken und die Kraft und Freude am Leben wiederzufinden.

Wir schauen gemeinsam darauf, wie diese seelischen Tiefs wirklich entstehen und was wir dagegen tun können. Wenn Menschen eine Depression oder ein Burnout bekommen, werden sie oft mit Medikamenten und einer Gesprächstherapie behandelt. Dies ist aber nicht immer ausreichend.

Definition von Burnout

Die Weltgesundheitsorganisation (WHO) hat im Mai 2019 Burnout ganz klar als Syndrom definiert, das im Zusammenhang mit Belastungen bei der Arbeit steht.
Burnout ist also als Faktor eingestuft worden, der die Gesundheit beeinträchtigen kann.

Burnout ist in der Internationalen Klassifikation von Krankheiten (ICD-11) als Berufs-Phänomen enthalten. Es handelt sich nicht um eine Krankheit.

Das Burnout ist in ICD-11 wie folgt definiert:

"Burnout ist ein Syndrom, das als Folge von chronischem Stress am Arbeitsplatz konzipiert und nicht erfolgreich bewältigt wurde. Es zeichnet sich durch drei Dimensionen aus:

Gefühle von Energieverlust oder Erschöpfung; eine größere mentale Distanz zum Arbeitsplatz oder Gefühle von Negativismus oder Zynismus im Zusammenhang mit dem Arbeitsplatz; und reduzierte professionelle Wirksamkeit.
Burnout bezieht sich speziell auf Phänomene im beruflichen Kontext und sollte nicht zur Beschreibung von Erfahrungen in anderen Lebensbereichen verwendet werden."

Außerdem weist die WHO darauf hin, dass der Begriff Burnout ausschließlich im beruflichen Zusammenhang und nicht "für Erfahrungen in anderen Lebensbereichen" verwendet werden sollte. Da stellt sich mir sofort die Frage: Wie wird Arbeit definiert?

Ein Burnout ist also ein Zustand von körperlicher psychischer und emotionaler Erschöpfung, ausgelöst durch eine zu hohe Arbeitsbelastung. Es ist ein fortschreitender Prozess, der abwechslungsweise von Anspannung und Erschöpfung begleitet ist. Es handelt sich nicht um arbeitsbedingte Müdigkeit. Das Verhältnis zwischen persönlichem Einsatz und Zufriedenheit ist nicht mehr ausgeglichen.

Und wie kann man mentale Distanz und Gefühle von Negativismus oder Zynismus, die man im Arbeitsleben hat, trennen von Gefühlen im privaten Bereich? Ist Negativismus in dir, wirkt sich das auf alle Bereiche deines Lebens aus und nicht nur im Beruf. Ich hoffe, dass das verständlich ist. Wenn du eine größere mentale Distanz zum Partner, zum Haushalt oder was auch immer hast oder Gefühle von Negativismus oder Zynismus im Zusammenhang mit dem Partner oder dem Haushalt, den Kindern oder was auch immer und du nicht mehr kannst, was ist das dann? Eine zu hohe Arbeitsbelastung ist ein subjektiv erlebtes Empfinden, dass sehr relativ ist und für jeden möglich, auch für Kinder?

Bisher wurde Burn-out oder Burnout (auch Burnout-Syndrom, von englisch burn out = ausbrennen) als ein Oberbegriff für bestimmte Arten von persönlichen Krisen, die als Reaktion auf andauernden Stress und Überlastung am Arbeitsplatz auftreten benannt. Kann das auch auf Hausfrauen, Mütter, Rentner, Kinder und und und zutreffen?

Burn-out-Syndrom: Emotionaler, geistiger und körperlicher „Erschöpfungszustand nach einem vorangegangenen Prozess hoher Arbeitsbelastung, Stress und/oder Selbstüberforderung.“ (Großes Wörterbuch Psychologie; Compact, 2007).

Bis heute existiert keine eindeutige Liste von Beschwerden, die gegeben sein müssen, damit man von einem Burnout-Syndrom sprechen kann. Ebenso fehlt ein allgemeingültiges Phasenmodell für den Verlauf der Erkrankung. Einig ist man sich jedoch darüber, dass das Burnout-Syndrom meist schleichend einsetzt und einen langwierigen Prozess darstellt, der in verschiedenen Phasen verläuft.

Jedoch ist eines sicher, Burnout wird durch Stress ausgelöst, der nicht mehr bewältigt werden kann. Eine Folge von beruflicher Überbelastung oder man könnte auch sagen, eine Überforderung. Burnout Symptome überlappen bei zunehmender Intensität mit den Symptomen einer Depression.

Von Depression spricht man, wenn Krankheitszeichen wie tiefsitzende Freudlosigkeit, Schwunglosigkeit, gedrückte Stimmung, Schuldgefühle, Schlafstörungen, Appetitstörungen, Hoffnungslosigkeit, Gefühle das Leben nicht mehr bewältigen zu können bis hin zu Selbstmordgedanken vorhanden sind. Die Symptome von Burnout und Depression sind ähnlich. Es gibt jedoch unterschiedliche Wege wie ich in so eine Depression hineinkomme. Burnout heißt auch dass ich über einen längeren Zeitraum, meistens über mehrere Jahre, meine Regenerationsmöglichkeiten vernachlässigt habe. Burnout ist allerdings mehr als nur eine Erschöpfung und ist geprägt durch negative Gefühlslagen wie Ärger, Wut, Resignation, Veränderung der Leistungsfähigkeit und eine Art Wertewandel. Schluss mit Freude und Enthusiasmus und ganz zum Schluss hasst man das, was man tut. Burnout nennt man auch Erschöpfung oder Stress Depression.

Allgemein akzeptierte Kriterien für die Diagnose „Burnout“ existieren hingegen nicht. Bei den Betroffenen müssen nicht alle der unten beschriebenen Beschwerden auftreten. Vielmehr gibt es sehr verschiedene Äußerungsformen des Burnout Syndroms.

Auflistung der verschiedenen Symptome, die da sein können, aber nicht müssen:

- Energiemangel und Erholungsunfähigkeit
- Konzentrationsstörungen, Gedächtnisprobleme
- anhaltende Müdigkeit und Erschöpfung
- Leistungsabfall
- Entscheidungsunfähigkeit
- Leistungs- und Antriebsschwäche
- Überforderung
- Angst
- Ärger- und Aggressionsphasen
- Druck
- Dauerstress
- Versagensängste
- Gleichgültigkeit
- Innere Leere und Langeweile
- Desillusionierung oder Verzweiflung
- Ruhelosigkeit, nervöse Unruhe, Schlafstörungen
- Schwächegefühl
- Bitterkeit
- Gefühl mangelnder Anerkennung
- geringe Frustrationstoleranz
- langanhaltende Antriebslosigkeit
- geringem Selbstwertgefühl
- dauerhafter Erschöpfungszustand
- Erschöpfungsdepression

- Geringes Selbstwertgefühl
- Appetitlosigkeit
- zu hoher Selbstanspruch
- anhaltender emotionaler und körperlicher Erschöpfungszustand
- körperliche Beschwerden
- und vieles mehr

Es gibt keine einheitliche Meinung darüber, wie das Burnout Syndrom entsteht. Vielmehr kursiert eine Vielzahl von Erklärungen zur Entstehung des Burnout Syndroms. Ein Teil dieser Erklärungen legt den Schwerpunkt auf äußere Belastungen wie bestimmte Kennzeichen der Arbeitsumwelt, die für die Entwicklung des Burnout-Syndroms verantwortlich sind. Andere Erklärungen rücken psychologische Aspekte von Personen in den Vordergrund. Tatsächlich sind wahrscheinlich sowohl äußere als auch innere Faktoren bei der Krankheitsentstehung beteiligt, sowie ein Raubbau mit dem Körper.

Oft begünstigt eine Kombination von persönlichen Eigenschaften und Arbeitsbedingungen die Entstehung der Erkrankung. Besonders gefährlich ist es, wenn die Betroffenen sehr motiviert sind, hohen persönlichen Einsatz zeigen und hohe Erwartungen an ihre Arbeitswelt stellen, dann aber mit dem "grauen" Arbeitsalltag konfrontiert werden.

Ausgebrannt sein entsteht, wenn man ständig nur Dinge tut, die einem keine Freude machen und wahrscheinlich hast du dich gezwungen gesehen, immer weiter zu machen, weil du nicht wusstest wie du aus dem Hamsterrad der Frustration und der negativen Gefühle raus kommen sollst. Die gute Nachricht ist: es ist eigentlich ganz leicht, wenn man weiß wie. Wenn du auf die Spur deiner Ängste kommst, weil du heraus bekommst, was dich wirklich daran hindert, dich selbst zu leben, wird das Leben auf einmal richtig leicht.

Ausgebrannt sein bedeutet auch, keinerlei Emotionen mehr zu spüren, zumindest keine freudvollen Emotionen. Kaltes Feuer brennt dich aus!

Unsere Gesellschaft erwartet immer mehr von uns. Die meist vollen Terminkalender zeigen uns, wie hoch die Anforderungen sind. Wer ist heute noch ausgeglichen und glücklich? Hinzu kommt, dass Burnout nicht nur ein Erwachsenen Phänomen ist. Unsere Kinder leiden heute schon genauso unter Leistungsdruck, hohen Ansprüchen, Alltagsstress oder familiären Problemen. Leider tritt Burnout daher auch bei Kindern und Jugendlichen heutzutage immer häufiger auf.

Natürlich erleben wir alle glückliche und weniger glückliche Phasen, jedoch langanhaltende Traurigkeit und Antriebslosigkeit weisen auf eine Erschöpfungsdepression hin, besonders wenn sie nach langen Erholungsphasen immer noch vorhanden ist. Auf eine handfeste Depression weisen klar definierte Symptome, wie z.B. langanhaltende Antriebslosigkeit, geringeres Selbstwertgefühl oder Appetitlosigkeit hin. Depressive Menschen neigen zu Pessimismus, sie erkranken aufgrund von ungünstigen, negativen Überzeugungen und Gedankenspiralen. Die Ausgebrannten sind eher perfektionistisch veranlagt, sie übernehmen sich so lange, bis sie zusammenbrechen.

Phasen des Burnouts

Zuallererst, wenn du das Gefühl hast, dass du Burnout hast, hol dir unbedingt Hilfe. Diesen Schritt der Überwindung ist der erste Schritt in deine Heilung.

Da die Betroffenen nicht mehr auf ihre Bedürfnisse achten, beginnt die Phase des sich nicht mehr regenerieren können (Das Wochenende mit meiner Familie wird mir zu viel, ich kann nicht mehr so gut schlafen oder mein regelmäßiger Sport, den ich immer mache, ist zu einer Anstrengung geworden). Irgendwann sind die Betroffenen nur noch gereizt. Ganz am Schluss geht es dann erst in die Leistungseinschränkung. Im Berufsalltag heute stehen sehr viele Menschen unter Leistungs- und Zeitdruck, Mobbing und Konkurrenzdenken.

Die meisten setzen alles daran, das gewünschte Resultat zu erreichen und wenn dem nicht so ist, sucht man die Schuld sehr oft im eigenen Versagen. Dann frage dich, ob es wirklich so ist. Reflektiere, ist das wirklich richtig, dass du nicht so gut bist, wie die anderen.

Wenn du denkst, dass du nicht gut genug bist, entwickelt sich nämlich ein erhöhtes Engagement. Daraus resultiert der Versuch, den Stress zu kompensieren. Möglicherweise siehst du dich gezwungen, deine Arbeitsleistung zu steigern. Resultat: ich mache einfach noch mehr. Das ist ein typischer Beginn eines Burnouts. Wenn du dich besonders anstrengst, dann werden meistens die eigenen Bedürfnisse ganz hinten angestellt. Als Arbeitnehmer hast du zudem viele Vorgaben, die womöglich gar nicht deiner Persönlichkeit entsprechen. Es ist gar nicht das, was du wirklich magst, absolut gar nicht mehr nach dem eigenen Willen und Bedürfnissen. Alle eigenen Ansprüche werden unterdrückt, was bedeutet, du hast ein schlechtes Gefühl. Auch dann, wenn du extrem versuchst, Leistung zu erbringen. Es macht einfach keinen Spaß mehr. Die selbst auferlegten Ansprüche und die eigenen Konflikte werden verdrängt. Wenn du dabei in einen Zwiespalt kommst, in irgendeiner Form in Zweifel gerätst, wird auch das verdrängt in dieser Phase. Zweifel, die einem in den Sinn kommen werden negiert und bei Seite geschoben.

Dann beginnt die Phase Probleme zu verleugnen, auch vor sich selbst. Es gibt gar keine Probleme. Du denkst und artikulierst, es ist alles gut, es läuft doch alles. Obwohl du dich unheimlich anstrengen musst, obwohl du dich gar nicht wohlfühlst, verdrängst du dieses Empfinden, dieses Gefühl. Das führt zu innerer Zerrissenheit, weil du innerlich weißt, es ist anders als das, was du aussprichst. So tun, als ob alles okay wäre.

Daraufhin ziehst du dich zurück von Freunden und sogar auch von der Familie, weil du es einfach nicht mehr schaffst.
In der nächsten Phase wirst du auch gegen dich selbst aggressiv, sarkastisch und gehst mit dir selbst nicht mehr richtig gut um. Du beschuldigst dich selbst, dass du unfähig bist. Manchmal ist es schon so als ob du von außen auf dich drauf schaust und sagst: die/der schafft es wohl auch nicht mehr auf den Punkt. Du bist dabei, dich selbst zu verlieren.

Verspürst du schon depressive Verstimmungen, schlechte Laune, Sorgen, Ängste? Die gute Laune ist weg. Immer in Sorge oder gehetzt? Dauerhaft irgendwie unter Stress? Schon morgens, wenn du aufstehst, absolut schlecht drauf, es ist immer dunkel, dauerhaft, selbst wenn die Sonne draußen scheint. Die Sonne scheint, die Vögel zwitschern, doch du kannst das alles nicht mehr genießen, bemerkst es nicht einmal mehr?

Ein völliger Verlust der eigenen Kontrolle. Ein Verlust der Leistungsfähigkeit. Man hat sich aufgegeben und irgendwie ist alles in sich zusammengefallen. Du bemerkst, du bist gar nicht mehr du selbst, alles ist leer. Lethargie und Apathie breiten sich aus. In dieser Phase ist die Ampel auf Rot. Hab Acht, du gehörst zu einem guten Arzt oder Therapeuten, wenn nicht sogar in die Klinik.

Die Essenz daraus ist, dass wir unbedingt lernen sollten, uns selbst richtig wahrzunehmen. Selbst bewusst werden und Bewusstheit für das entwickeln, was in uns vorgeht. Seien es Gedanken, Gefühle und Körperliche Symptome. Das Körpergefühl ist die Sprache des Körpers und wenn wir dies überhören, entsteht erst ein Schmerz und dann die Krankheit. Quasi auch die Verantwortung für das eigene Leben übernehmen. Auf keinen Fall andere für den Zustand, in dem du bist, verantwortlich machen. Denn damit machst du dich zu einem Opfer. Die Verantwortung liegt im Außen, die anderen sind schuld. Der Haken dabei ist, solange die anderen schuld sind, kannst du selbst nichts verändern. In etwa, der andere oder die anderen sind schuld und müssen etwas ändern. wir erwarten dann die Hilfe von außen. Nein, nur wir selbst können etwas verändern. In dir selbst liegt die Lösung.

Sobald du Verantwortung für deine Situation übernimmst, kannst du auch verändern.

Der Körper

Sind Burnout und Depression eine Stoffwechselstörung des Gehirns? Es werden Stoffe nicht umgewandelt und Aminosäuren nicht in Hormone gewechselt. Sich darum zu kümmern, dass der Stoffwechsel stimmt und auch die Hormone im Gehirn deinen Körper richtig unterstützen, ist extrem wichtig.

Durch den ständig erhöhten Druck und ackern, machen, tun, fehlen uns in der heutigen Zeit die die Regenerationsphasen. Durch einen langzeit negativ Stress steigt das Hormon Cortison an. Die Nebennierenrinde erzeugt Cortison. Das wichtigste Anti-Stress-Hormon des Körpers ist das Cortisol. Cortisol ist das körpereigene aktive Cortison und schützt den Körper vor den negativen Folgen von starkem Stress. Durch ständigen Stress haben wir einen ständig erhöhten Cortisolspiegel. Ist der Cortisolspiegel ständig leicht erhöht, leben wir energetisch über unsere Verhältnisse. Es wird auch umgangssprachlich Energie Kannibalismus genannt. Je nachdem, wie hoch dein Ausgangskapital Eiweiß ist, hält der Körper diesen Energie Kannibalismus länger oder kürzer aus.

Das Stresshormon Cortisol steigt, Dopamin und Serotonin sinken. Dadurch steigt auch das Gefühl der Arbeitsbelastung. Alles, was du vorher mit Leichtigkeit gemacht hast, fällt immer schwerer. Wenn es dann noch denkt, ich muss es trotzdem machen, noch mehr Aufwand bringen, bewirkt das, dass die Stresshormone weiter ansteigen. Wie in einer Abwärtsspirale sinken Dopamin und Serotonin immer tiefer in den Keller.

Die Hormone bestimmen die Lebensqualität. Die sogenannten Leithormone bestimmen deine Stimmungslage. Dopamin ist das Haupt Antriebs-Hormon. Wenn du morgens voller Kraft und Freude aus dem Bett springst, hast du mit Sicherheit einen hohen Dopaminspiegel. Dann kommt der Drang von innen, dass du was tun willst. Es ist ein innerer, freudiger Tatendrang. Wer sich morgens allerdings aus dem Bett quälen muss, sich überwinden muss und auf nichts Lust hat, hat unter Garantie einen tiefen Dopaminspiegel. Um dieses Hormon zu gewinnen braucht der Körper die Aminosäure Phenylalanin. Das ist eine essentielle Aminosäure. Serotonin ist unser gute Laune Hormon. Ein Mensch mit hohem Serotoninspiegel findet Lösungen. Wer einen niedrigen Serotoninspiegel hat, wühlt in Problemen. Um Serotonin zu bilden, braucht unser Körper die Aminosäure Tryptophan. Wer viel Stress hat, verbraucht genau diese wertvollen essentiellen gehirnaktiven Aminosäuren als Energie. Normalerweise verbrennen wir nur Kohlenhydrate und Fett als Energie. Im Stress Stoffwechsel verbrennt der Körper auch noch Aminosäuren als Energie.

Suche dir einen guten Arzt, der sich mit dir über dieses Thema auseinandersetzt und dir erklärt und natürlich auch analysiert, was deinem Körper jetzt gerade fehlt.

Werde aufmerksam und erkenne, wie wichtig es ist, unseren Körper mitzunehmen. Das heißt, wir dürfen lernen, unseren Körper zu spüren und unserem Körper zu vertrauen. Der Körper weiß die Wahrheit. Wenn du deinen Körper spürst, bist du hier auf der Erde, in der Realität. Wenn du deinen Körper nicht spürst, bist du oben im

Kopf, im Geist und es könnte möglich sein, dass du viel zu viel denkst und nichts ins Tun bringst. Wenn du im Denken bist, wirst du nicht bemerken, dass du einfach nicht spürst, dass deine Füße auf dem Boden stehen.
Das Gehirn hat so viel Interessantes zu berichten, du driftest weg. Du könntest dann mit den Füßen auf der Stelle treten und dir vorstellen, mitten in der Erde, im Erdmittelpunkt, in einem glühenden Vulkan mit aller Kraft zu stampfen, bis Freude in dir entsteht. Damit wirst du spüren, dass Leben in deinen Körper kommt. Das ist sehr, sehr wichtig. Wir können soviel denken, wie wir wollen. Wenn wir aber nicht in die Handlung gehen, wird nichts geschehen. Und niemals denken, das mache ich später. Wenn du das in deinen Gedanken hörst, musst du erst recht aufstehen und in Bewegung gehen. Du hast verloren, wenn du dem Gedanken glaubst, ich mach das später. In deinem Leben wird sich nichts ändern, wenn du nicht ins Handeln kommst.

Unser Körper ist unser einziges Ausdrucksmittel auf dieser Erde. Du kannst dein Leben nur mit Hilfe deines Körpers erleben. Du wirst sicher schon bemerkt haben, dass die meisten Menschen gar nicht wirklich da oder anwesend sind. Wir kümmern uns zwar um den Körper, geben ihm Essen, Trinken, pflegen ihn, doch kein Mensch denkt daran, ihn auch fühlend wahrzunehmen. Leider. Meistens bemerken wir ihn erst dann, wenn wir unangenehme Gefühle haben oder sogar Schmerzen, bis hin zu schweren Krankheiten und realisieren, dass unser Körper ein sehr wichtiges Ausdrucksorgan ist. Können wir durch Aufmerksamkeit für unseren Körper, die Körpergefühle und die Emotionen unseren Körper gesund erhalten? Ich sage ja. Denn hinter jedem Schmerz liegt ein Gefühl, das wir gerade nicht erleben wollen, weil wir nicht wissen, wie wir damit umgehen können.

Lust

Wenn jemand zu nichts mehr Lust hat, spürt das dein Gegenüber sehr deutlich. Natürlich merken das immer erst die anderen. Wenn keine Lust da ist, fehlt Begeisterung, Idealismus und Freude. Quasi immer ein bisschen lasch auf dem Sofa. Der erste und wichtigste Schritt ist zurück in die Balance zu kommen. Mit dem, was du bisher gedacht und getan hast, die Gefühle, die Entscheidungen, die du getroffen hast, bist du hierher gekommen. Darum ist es sehr wichtig zu verstehen, dass man etwas anderes tun, denken und machen darf. Die alten Pfade zu verlassen ist so extrem wichtig, denn wenn wir das Gleiche tun, was wir bisher getan haben, den gleichen Weg gehen, die gleichen Entscheidungen treffen, das Gleiche tun, das Gleiche denken, kann sich nichts verändern.

Wir erhalten dann die gleichen Resultate wie bisher.

Das ist der Grund warum Menschen, wie in einer Spirale immer weiter, weiter, weiter und weiter nach unten rutschen.

Sei dir darüber im Klaren: fehlt die Lust für dies und jenes, fehlt auch die Lust am Leben. Sei mal ganz ehrlich zu dir selbst:

- Wie groß ist gerade deine Lebenslust?
- Wie groß ist gerade deine Freude am Leben?
- Geht da noch mehr?

Versuche auf keinen Fall weiter zu funktionieren. Hör auf damit, dass es noch soviel zu tun gibt. Hör auf mit dem: ich muss noch dies und jenes tun. Kämpfe nicht gegen die Symptomatik, gegen die Ängste, gegen die Erschöpfung, gegen die Unlust, sondern sieh es als Signale deines Körpers, des Organismus. Die Symptome werden dichter und dichter. Sie sind da, damit du dich auf den Weg machst, dich zu entwickeln und um deinen Weg zu finden.

Dein Körper - und so war es auch bei mir - sagt das immer deutlicher. Am Anfang sind es leichte Signale, die du aber ignorierst, weil du sagst, es muss noch so viel gemacht werden, getan werden, erledigt werden, besorgt werden. Dein Körper wird einfach deutlicher und deutlicher. Jetzt sagt er dir mit dieser Burnout Symptomatik in einer großen Vielfalt, dass da was anders zu machen ist. Du bist auf dem Weg in eine Sackgasse. Die Symptome sind nur so deutlich und so unangenehm, damit du aufwachst, damit du etwas anderes tust. Wenn du nicht aufwachst und etwas anderes tust, denkst und fühlst, dann wird der Körper noch deutlicher werden. Die wichtige Nachricht hinter all dem: anerkenne, was gerade in deinem Leben ist.

Es gilt das Leben neu zu strukturieren. Neue und ganz andere Strategien zu entwickeln. Und wirklich ganz, ganz wichtig: wenn du das Gefühl hast, dass du es nicht mehr alleine auf die Reihe bekommst, hole dir Hilfe. Erlaube dir Hilfe in Anspruch zu nehmen. Schotte dich nicht mehr ab, hör auf dich auszugrenzen von den anderen. Nimm Hilfe in Anspruch. Öffne dich für neue Ideen, für neue Impulse, für neue Ansichten. Es gibt immer einen Weg. Es gibt wirklich gute Therapeuten und gute Coaches. Es gibt Menschen, die wirklich für dich da sind. Habe unbedingt den Mut, dir Hilfe zu holen, so früh wie möglich.

Erkenne: ich bin hier kein Opfer. Ich kann etwas ändern, nämlich mich selbst. Solange wir uns als Opfer sehen, Opfer dieser Situationen, Opfer unseres eigenen Körpers, unserer eigenen Gedanken, des eigenen Geistes, dann kommst du da nicht raus.

Nimm dein Leben in die Hand und ändere, was veränderbar ist. Wisse: nichts ist unmöglich. Ja, diesen Swift zu machen erfordert Mut. Diesen Mut möchte ich dir gerne mitgeben. Und egal wie unangenehm es jetzt gerade ist, alles ist machbar, alles ist veränderbar. Wenn es ein Mensch geschafft hat, können es alle anderen auch schaffen.

Erkenne die Botschaften deines Körpers als eine Nachricht an dich selbst an.

Dein Körper will dich auf etwas aufmerksam machen. Sage dir selbst: ja, es ist okay, es ist gut, ich darf jetzt lernen besser, liebevoller und aufmerksamer mit mir selbst umzugehen.

Anerkenne das, was jetzt gerade ist, damit der Kampf aufhört. Du weißt selbst, jeder Kampf führt direkt in Leid. Leid hast du ja bereits genug. Darum lege die Waffen nieder gegen das, was ist, akzeptiere und dann kannst du ändern. Setze dich auch mit diesen neuen Gedanken nicht unter Druck. Druck lähmt dich nur und alles braucht seine Zeit. Finde heraus, was dir wirklich wichtig ist, wer du wirklich bist, um dein Leben bewusst gestalten zu können. Dazu später mehr.

Die Welt ist immer das, was du von ihr erwartest

Um zu entscheiden, was wichtig ist und was nicht, gleicht das Gehirn jede Wahrnehmung automatisch mit deinen bereits vorhandenen Erfahrungen und Erwartungen ab. Sind deine Wahrnehmungen der Welt mit deinen Erfahrungen vereinbar, wird ergänzt und modifiziert. Dein Gehirn sammelt und speichert am laufenden Band Informationen.

Je älter du wirst, desto selektiver wird deine Wahrnehmung. Bis du irgendwann überall das siehst, was du sehen möchtest. Die Lebenserfahrung ist wie ein Filter, der es dir leichter macht, die Dinge einzuordnen. Dadurch wird aber auch mitbestimmt, was du wahrnimmst, fühlst und denkst.

Es ist ein sehr komplexer und komplizierter Vorgang in unserem Gehirn.
Die sensitive Wahrnehmung hat auch Einfluss darauf, wie du denkst, handelst und fühlst. Wer immer nur von Schlechtem ausgeht, wird zwangsweise auch mehr Schlechtes erleben. Zu oft wurden die entsprechenden Filter verwendet, sodass die guten Dinge überhaupt nicht mehr wahrgenommen werden.

Studien zeigen, dass Menschen, die sich selbst als Pechvogel sehen, nicht unglücklicher sind und sie durchaus vorhandene

Chancen im Leben haben, wie jeder andere. Für Pechvögel sind sie nur nicht so leicht zu erkennen. Menschen, die davon überzeugt sind, dass sie das Glück auf ihrer Seite haben und Schwierigkeiten eher als Herausforderung betrachten, haben also die gleichen Chancen im Leben, wie jene, die sich als Pechvogel bezeichnen. Sie nehmen nur die Situationen, die ihnen begegnen, anders wahr.

Unsere Innere Überzeugung hat nachweislich großen Einfluss auf unser Erleben und unser Verhalten.
Die Kunst ist es, diese Dominanz des Glaubens über den Verstand, von bestimmten Gedanken selbst positiv zu beeinflussen, sodass diese ohne Umwege direkt in das eigene Unterbewusstsein einfließen.
Wir nehmen die Umwelt nur selektiv wahr, weil das Gehirn unmöglich alle Einstellungen und Anreize auf einmal verarbeiten kann. Es lässt nur die Eindrücke durch, die du zuvor als relevant eingestuft hast. Dass du davon nichts mitbekommst liegt an deiner Fähigkeit zur Automatisierung kognitiver Abläufe. Denke nur daran, wie holprig erste Fahrversuche sind und wie souverän Menschen später beim Autofahren alles auf einmal machen. Kuppeln, schalten, Verkehr im Blick behalten,
Musik hören und quatschen. Das Problem ist, dass wir uns auch antrainieren können negativ zu denken. Der Pessimismus der dabei entsteht ist eine der häufigsten Ursachen für die Entstehung von Depressionen.

Du kannst dich mit Hilfe der Autosuggestion selbst beeinflussen. Mit Hilfe der Autosuggestion kannst du deine eigenen Gedanken und Gefühle beeinflussen. Autosuggestion funktioniert durch bewusste Visualisierung. Du führst dir im wahrsten Sinne des Wortes bildlich vor Augen, was du konkret erreichen möchtest. Ob du für diese Bilder auf reale Erinnerungen oder fiktive Vorstellungen zurückgreifst, spielt dabei keine Rolle. Versuche haben gezeigt, dass sie nur stark genug sein müssen, um Willen und Vorstellungskraft zu beflügeln.

Du kannst das. Du machst das. Du bist genial! Ja, genau, Du. Sage es dir regelmäßig wie ein Mantra: ich kann das, ich mach das, ich bin genial!

Warum ist es so wichtig, morgens etwas für sich selbst zu tun? Also aus der alten Gewohnheit auszubrechen, aus dem Nichtstun, aus dem Unbewusstsein, aus dem verschlafenen Bewusstsein auszutreten. Mit Achtsamkeit zu bemerken, was es denkt und fühlt. Wir beschäftigen uns morgens unbewusst mit Angst, mit dem Wetter, das schlecht ist oder gut, dass der Kaffee zu kalt oder zu heiß ist, was gestern alles war, was vor 20 Jahren war und und und und und und, anstatt mit dem, was uns Lust am Leben und Freude bringt. Wir sind gewohnheitsmäßig lieber mit dem Alten beschäftigt als mit etwas Neuem und Positivem. Man kann wirklich üben den eigenen Fokus allmählich auf Freude und Liebe zu verschieben.

Mal ganz ehrlich, beschäftigst du dich morgens mit den schönen Dingen des Lebens oder sind es die sogenannten Probleme? Wisse einfach oder überdenke einmal, dass die Qualität unseres Lebens davon abhängt, mit welchem Fokus und mit welchen Gefühlen wir unseren Tag, unser Leben erleben. Du weißt sicherlich, wenn du dir etwas wünschst, im Außen z.B. ein Auto, dass dieses Auto dir einige Tage oder vielleicht sogar einige Wochen Freude und Glück bereiten wird. Nur wie schnell ist diese Freude weg? Der Fokus legt sich sofort auf ein anderes Auto, entweder eine andere Farbe oder es soll größer oder schneller sein. Was auch immer.
Das heißt, du bist in dir selbst nicht befriedigt und das Auto hat nur kurzzeitig, also nicht wirklich, Befriedigung und Frieden in dir gebracht.

Einer meiner größten Momente in meinem Leben war zu entdecken, dass Denken nicht unbedingt bedeutet, dass das Gedachte der Wahrheit entspricht. Von da an glaube ich nicht mehr alles, was es denkt. Und als mir klar wurde, dass ich die Wahl habe, den Gedanken Macht zu verleihen oder nicht, da konnte ich das Denken auf einmal beobachten und verändern.

Wie geht es mir wirklich? Darfst du erfolgreich sein? Erfolgreich sein heißt nicht unbedingt jetzt Geld verdienen oder was auch immer. Du brauchst kein Auto um glücklich zu sein. Viel, viel wichtiger ist, in deinem Inneren das Gefühl der Zufriedenheit. In Frieden sein mit dir selbst. Und glaub mir, wenn du das geschafft hast, dann wird sich dir die Welt ganz neu eröffnen. Denke bitte daran, das Wichtigste ist, morgens richtig gut anzufangen. Hol dich selbst aus diesem Trott der ungewollten Gedanken, werde achtsam dafür, was es denkt. Bemerke bitte jeden Gedanken, den du eigentlich nicht haben willst.

Jeder Gedanke ist eine Manifestation für deine Zukunft!

Auch wenn du an deiner Vergangenheit klebst mit dem Gedanken, das hätte nicht sein sollen, das hätte ich nicht tun dürfen, dies und das hätte ich nicht. Was weiß ich, was dem Gehirn alles einfällt. Es ist definitiv vorbei! Es ist jetzt nicht da. Jetzt ist ein neuer Moment in dem du dich entscheiden kannst, gehe ich freudig in meine Zukunft, in meine Liebe, in meine Leichtigkeit? Oder soll alles beim Alten bleiben?
Es wird sich wirklich nichts niemals ändern, wenn du nicht anfängst die Dinge anders zu bedenken, anders zu handeln. Es ist zu schaffen. Natürlich nicht in einem Tag und auch nicht in drei Tagen und auch nicht in sieben Tagen. Da muss man dranbleiben. Hol dir bitte immer wieder die guten Dinge, die du haben willst, in dein Gehirn.

Bei dem Verändern der Gedanken kam noch öfter mal meine Kleinheit wieder zum Vorschein. Ich kann doch nicht denken, ich bin gut, wenn die Gefühle mir das Gegenteil beweisen? Damals wusste ich noch nicht, dass auf die Gedanken immer ein Gefühl folgt. Genauso wenig wusste ich, dass die innere Überzeugung 'ich doch nicht', mich ganz schön im Griff hatte.

Wenn du deine Gedanken beobachtest bist du nicht mehr im automatisierten Programm. Das schlägt Wellen. Du kannst wirklich entscheiden, was es denkt. Das einzig Schwierige daran ist dann nur noch: jetzt solltest du wirklich gut über dich denken.

Du bist das Bewusstsein, das das automatisierte Denken beobachten kann. Du trennst dich sozusagen von dem automatisierten Seinszustand ab. Damit hast du die Wahl, was es denken darf in dir.
Das Beste, das dir geschehen kann in diesem Leben, ist, dass du durch diese Veränderung in deinem Leben hindurch gehst, sodass

du nicht mehr auf Gedeih und Verderb der Konditionierung deines Verstandes ausgeliefert bist, der schon während der ganzen Kindheit natürlich konditioniert wurde durch viele, viele Einflüsse. Anstatt nun der Konditionierung des Verstandes ausgeliefert zu sein, denn da besteht ja keine Freiheit, besteht da plötzlich die Möglichkeit, die Konditionierung des Verstandes zu transzendieren und tatsächlich frei zu werden. Befreit sein, befreit wovon? Befreit letztlich von deinem eigenen Verstand und dann bist du in der Lage deinen Verstand und deine Denkfähigkeit zu nutzen, auf eine viel effektivere Art und Weise. Dann, wirst du nicht mehr von deinem Verstand benutzt, sondern du nutzt deinen Verstand. Das ist ein ganz bedeutender Unterschied.

Wenn du mit diesem ständigen Gedankenstrom identifiziert bist, dann denkst du letztlich nicht, das Denken geschieht dir. Du weißt das ja gar nicht. Du identifizierst dich damit, du denkst, dass du denkst, aber es ist ein konditionierter Verstand in dir der denkt. Du gibst ihm ein Selbstgefühl, aber es ist ja kein Selbst im Verstand, wie Buddha es schon vor langer Zeit gesagt hat.

Wenn du dich selbst als Schöpfer deiner eigenen Wahrnehmung begreifst, kannst du anfangen, sie selbst zu gestalten. Du kannst z.B. lernen, Kritik nicht als Affront oder Angriff zu begreifen, sondern als Ausdruck des Respekts vor deiner Arbeit. Mit vielen Übungen komplette Körperfunktionen steuern. Es gibt buddhistische Mönche, die durch Meditation sogar ihren Herzschlag und ihre Körpertemperatur regulieren können. Was dem Geist gut tut, tut auch dem Körper gut. Und umgekehrt.
Deine Bewusstheit kann deine Selbstheilungskräfte aktivieren und viele körperliche Krankheiten lindern. Der Geist und gute Gedanken werden dann deinen Körper und deine Genesung unterstützen.

Doch nicht nur das. Im Grunde ist jede Heilung eine Form von Selbstheilung. Ärzte und Medikamente können immer nur stärken, was ohnehin an Abwehrkräften da ist.

Die Entdeckung der Neuroplastizität, die Eigenschaft von Synapsen, Nervenzellen oder auch ganzen Hirnarealen, die sich in Abhängigkeit von ihrer Verwendung verändern, hilft uns auch zu entdecken, dass alles jederzeit veränderbar ist. Das Gehirn eines Erwachsenen ist also kein starr festgelegtes, fix verdrahtetes Organ, sondern bis ins hohe Alter veränderbar.

Neuroplastizität zeigt uns allerdings auch, dass wir die körpereigenen Heilungsprozesse nicht durch negative geistige Gewohnheiten sabotieren dürfen.
Im Gegenteil, wir müssen die Selbstheilungskräfte stärken, indem wir an sie glauben und dem Immunsystem vertrauen.
Mit etwas Übung kannst du sogar deinen ganz eigenen Placebo-Effekt erschaffen. Placebo, ist das Prinzip, das ein Patient nicht weiß, dass er eine Arznei Attrappe verabreicht bekommt und sein Glaube an die Wirkung des Medikaments allein die Heilung verursacht.

Mach dir klar, welche gewaltige Wirkung dein Geist auf dein Gehirn und deinen Körper hat. Dann kannst du dieses Bewusstsein nutzen, um bestimmte Heilungsprozesse aktiv zu steuern. Mit Achtsamkeit gibst du deinem Körper, was er möchte, was er braucht. Lerne, ihm wirklich zuzuhören. Lerne deinem Körper zu vertrauen, er ist immer da für dich.

Denke an die Tatsache, dass ein Gehirn nur leisten kann, wozu es sich selbst fähig fühlt. Erinnere dich, Freude, Zuversicht und Selbstvertrauen sind Voraussetzungen für Kreativität und Erfolg. Achtsamkeit hilft dir auszusteigen, aus der biederen Bequemlichkeit. Das Gegenstück zum Kleingeist heißt achtsam zu leben, heißt jeder Veränderung, jeder Idee und jeder neuen Sicht auf die Welt gegenüber offen und optimistisch zu sein. Sich ernsthaft dafür zu interessieren, sich bemühen und wirklich etwas zu tun.

Dein Gehirn ist dein Leben lang lern- und anpassungsfähig. Die Kraft der Veränderung und Selbstheilung liegt in der Fähigkeit deines Geistes deine Wahrnehmung der Welt zu bestimmen und in deiner Wahl es auch erreichen zu wollen.

Verlasse die selbsterschaffene Hölle:

Werde Dir Selbst bewusst!

Wie geht es dir morgens?

Gute Laune morgens beim Aufstehen sollte selbstverständlich sein. Darum ist es so wichtig, gerade morgens etwas für sich zu tun, also aus der alten Gewohnheit auszubrechen, aus dem Nichtstun, aus dem Unbewusstsein, aus dem verschlafenen Bewusstsein auszutreten. Mit Achtsamkeit zu bemerken, was es denkt und fühlt. Mal ganz ehrlich, beschäftigst du dich morgens mit den schönen Dingen des Lebens oder sind es die sogenannten Probleme. Wisse einfach oder überdenke einmal die Qualität unseres Lebens hängt davon ab, mit welchem Fokus und mit welchen Gefühlen wir unseren Tag, unser Leben erleben. Es ist so sehr wichtig, dich morgens in eine positive Energie zu bringen, denn davon hängt es ab, wie der Tag verläuft. Wie schön ist es, voller Lust am Leben zu sein? Willst du das nicht auch?
Beantworte dir bitte ehrlich die folgenden Fragen:

- Was fühlst du, wenn du morgens aufwachst?
- Was denkst du, wenn du morgens aufwachst?
- Willst du nicht auch Freude und Erfüllung in dir spüren?
- Weißt du, um wieviel du glücklicher sein könntest?

Was wir können und nicht können, was wir als möglich oder nicht möglich betrachten, ist nicht das Resultat unserer Möglichkeiten, sondern vielmehr das Resultat unserer Gedanken. Schreibe das Gefühl (Codewort), das du gefühlt erleben willst, mit großen Buchstaben, vielleicht mit dickem Filzstift, auf einige Din A4 Blätter und verteile diese Blätter in deiner Wohnung, sodass du regelrecht darüber stolperst. Vor allen Dingen morgens. Es darf dich direkt erinnern, dass ab jetzt alles anders laufen soll. Und jedes Mal, wenn du dich erwischst, dass die Gedanken irgendwo herumschwirren, dann holst du dich zurück zu dem Wort, das du aufgeschrieben hast, indem du es laut ausspricht und ständig wiederholst. Wichtig: wiederhole dein Codewort zigmal. So oft du kannst!

Wichtig: beachte bitte, dass wir zu 95% aus Gewohnheit handeln und empfinden. Das heißt, verinnerlichte Verhaltensweisen, unbewusste, automatische Gedanken, emotionale Reaktionen, Überzeugungen, Wahrnehmungen und Einstellungen, funktionieren wie ein Computerprogramm. Du wirst unbewusst zur Geisel deiner Befindlichkeiten.

Das schwierigste für die Veränderung ist, sich selbst die Zeit dafür zu geben.

Überschreibe alte Gedanken und ersetze sie mit dem Neuen, das du erreichen willst.

........mach Deine Welt schöner, erlebe Freude, Frieden, Vertrauen, Kraft und Liebe!

Alles beginnt im Kopf - alte Gewohnheiten stoppen

Achte sehr genau darauf, was es denkt. Wenn du den ersten Gedanken einer Verunsicherung denkst, wirst du dich innerhalb der nächsten Sekunden verunsichert fühlen. Sobald du dich verunsichert fühlst, werden weitere verunsichernde Gedanken angeregt. Und du wirst dich noch mehr verunsichert fühlen. Irgendwann sagst du dann: ich bin verunsichert. Sobald du das sagst: ‘ich bin‘, befiehlst du deinem Geist, sich auf diese Bestimmung hinzu zu bewegen.

Beachte bitte wir handeln und empfinden zu 95% aus Gewohnheit. Das heißt, verinnerlichte Verhaltensweisen, unbewusste automatische Gedanken, emotionale Reaktionen, Überzeugungen, Wahrnehmungen und Einstellungen, funktionieren wie ein Computerprogramm. Du wirst unbewusst zur Geisel deiner Befindlichkeiten.

Mit nur 5% des bewussten Geistes denken wir bewusste Gedanken, jedoch haben wir seit Jahrzehnten ein negatives Programm am Laufen, welches sich durch ständiges Wiederholen ausgebildet hat. Dadurch müsste uns wirklich tief bewusst werden, wie wichtig es ist, jeden Moment neu und bewusst zu reagieren. Also bereits am Morgen, direkt nach dem Aufwachen dem Geist antrainieren, was es denken soll. Morgens ist die beste Gelegenheit. Es ist die Grundlage für deinen Tag und was daraus werden soll

Neue Gedanken führen zu neuen Entscheidungen. Diese führen wiederum zu neuen Verhaltensweisen, die neue Erfahrungen erzeugen. Diese neuen Erfahrungen führen zu neuen Emotionen und Gefühlen, die wiederum neue Gedanken hervor bringen und das nennt man Evolution bzw. Weiterentwicklung.

Dass du dir Zeit nimmst für dich selbst, Zeit für dein Sein, Zeit für dein Erleben, ist fast schon überlebenswichtig in unserer hektischen Zeit geworden. Übrigens: Zeit nicht zu haben, geht nicht - Zeit nimmt man sich. Es müssen ja keine Stunden sein, es reicht, wenn du am

Anfang regelmäßig 5 bis 15 Minuten Zeit in dich investierst. Tue es gleich, so früh wie möglich. Zum frühestmöglichen Zeitpunkt am Morgen.

Glaube mir, sobald du denkst, das mache ich später, hast du verloren. Du wirst es dann nicht tun, denn: noch später geht auch immer noch. Tue es wirklich, denn wenn du in die Veränderung kommen willst, musst du unbedingt in dir verändern. Kein anderer ist schuld an deinem Unglücklichsein. Kein anderer kann es für dich tun, kein anderer kann es für dich verändern.

Es kommt auch auf die innere Haltung an. Deine innere Handlung ist extrem wichtig darum nimm dir sehr viel Zeit, um das Denken von allen Seiten zu beleuchten. Das automatisierte Denken kannst du dann durchschauen. Ich hoffe inständig, ihr versteht, wie wichtig es ist, diese automatisierten Gedanken anzuhalten und in das Positive, in das, was du wirklich willst, zu verändern. Das gelingt wirklich. Als erstes ist einmal tief zu verstehen, was das Denken alles in uns auslöst bis hin zum größten Ärger, Wut und Zorn.

Was ist daran so schwierig, dieses automatisierte Denken, diesen "Hirnfuck", wie ich ihn nenne, durch neue Gedanken zu ersetzen? Gedanken die du wirklich haben willst. Sage dir ab heute immer wieder diesen Satz vor: ich bin glücklich. Ich bin glücklich. Ich bin glücklich. Ich bin glücklich. Ich bin glücklich. Ich bin glücklich. Ich bin glücklich. Das allein, wenn du es wirklich tust, wird schon einiges in deinem inneren Erleben verändern. Auf jeden Fall geht es leichter mit Freude!

Wenn du neue Informationen erlernst, wie z.B. "Ich bin glücklich" speicherst du diese Informationen in deinem denkenden Gehirn ab. Wenn du sie anwendest, personalisierst oder umsetzt, änderst du dein Verhalten. Und wenn du anders handelst und etwas anders machst, machst du neue Erfahrungen. Sobald du eine neue Erfahrung machst, erzeugst du ein Gefühl. Und sobald du ein Gefühl erzeugt hast, aktivierst du das Limbische System bzw. das emotionale Gehirn. Der emotionale Quotient bringt dem Körper bei, was der Geist intellektuell verstanden hat. Du sendest neue Signale. Es einmal zu tun reicht allerdings nicht, du musst die Erfahrung immer wieder von Neuem machen. Immer wieder. Es wird dann sozusagen zu einer positiven Erinnerung. Du wiederholst so oft, bis es in deinem automatisierten Denken eingenistet ist. Dann läuft es unterbewusst automatisch ab. Sie ist impliziert.

Mein Appell nochmals an dich, gewöhne dir an, morgens in einen guten Flow zu kommen, morgens wirklich bewusst gut über dich zu denken, z.B. ich bin glücklich. Denn jedem Gedanken folgen Gefühle. Jeder Gedanke drückt sich aus in einem Gefühl. Ob wir wollen oder nicht, es ist so. Jedem Gedanken folgt das Gefühl. Die Gefühle sind sozusagen die Sprache des Körpers.

Google im Kopf

Bedenke, dass das Gehirn nur automatisiert funktioniert, was eine sehr wichtige Funktion für all unsere Körperfunktionen ist. Automatisiert bedeutet jedoch auch, es funktioniert im Denkprozess wie "Google".

Unser Gehirn funktioniert wie eine Such- bzw. Denkmaschine. Du stehst morgens auf und du denkst zum Beispiel "Scheiße". Wenn du das Wort bei Google eingibst, bekommst du sofort die Wörter: ausgesprochen schlecht, unerfreulich und ärgerlich angezeigt.

Wenn du jetzt weiter suchst, werden nur Dinge gezeigt, die ähnlich sind wie: erbärmlich, minderwertig, schlecht, ungenügend, wertlos, blöd, dumm, entsetzlich, furchtbar, grässlich, grauenhaft, grauenvoll, mies, schrecklich, unter aller Kanone, Kritik, verheerend, beknackt, bescheuert, beschissen, miserabel, abwertend, kümmerlich, lausig, kläglich, schauderhaft, fürchterlich, scheußlich, bescheiden, schaurig, hundsmiserabel, unter aller Sau.

Google kann nicht anders.

Genauso funktioniert unser Gehirn.

In deinem Leben ist es nicht anders. Dein Gehirn denkt und sucht den Beweis, dass alles ausgesprochen schlecht, unerfreulich und ärgerlich ist. Also es wird sich bemühen, dass es stimmt. Es wird alles tun, um es zu beweisen. Denn das Gehirn kann nur aus alten Erfahrungen heraus denken. Es kann nur das Denken, mit was es gefüttert wurde. Es kann nur das auslegen, was es kennt. Es kann nur bestätigen.

Diese Erfahrung hat jeder schon einmal gemacht. Wie oft hängst du in Denkschleifen fest und du kommst einfach nicht heraus. Geschichten, die ausgeschmückt oder reduziert werden. Und meist merkt niemand, dass es immer dasselbe denkt.

Angenommen du schaust darauf, was du denkst.

Angenommen du bestimmst sogar, was es denkt.

Dann gib mal Freude in Google ein. Das erste was kommt ist: hoch gestimmter
Gemütszustand; das Froh- und Beglückt sein. Die weiteren Schlagworte heißen dann: Begeisterung, Behagen, Belustigung, Fröhlichkeit, Frohsinn, Gefallen, Glück, Glückseligkeit, Heiterkeit, Hochgefühl, Lust, Seligkeit, Triumph, Vergnügen, Vergnügtheit, Wohlgefallen, Beglückung, Entzücken, Entzückung, Ergötzen, Ergötzung, Frohmut, Herzensfreude, Wonne, Gaudi, Genuss, Glückseligkeit, Hochgenuss, Spaß, Vergnügen. Der einzige Unterschied ist, dass Google nicht emotional ist. Es gibt wertfrei alles wieder.

Dem Menschen ist das erst einmal nicht möglich. Jedes Wort holt unsere Gefühle,
die in uns gespeichert sind, mit hoch in die Erinnerung. Deshalb darf man lernen, einen neuen Weg zu gehen.

Es denkt sowieso:

Also, warum nicht etwas denken, was du willst?

Weil wir glauben, dass das, was wir denken, wahr ist, hinterfragen wir es nicht. Bist du dann in einer solchen Denkschleife, wie zum Beispiel: 'Ich kann das nicht', glaubst du es. Und weil du auf diesen Gedanken mit unangenehmen Gefühlen reagierst, ist schon die erste Bestätigung da, dass du recht hast. Du bewegst dich gerade in der Vergangenheit, ohne es zu bemerken. Diese für dich unangenehmen Gefühle und Gedanken bringen wieder ähnliche unangenehme Gefühle, bringen andere unangenehme Gedanken. Dadurch bestätigst du immer wieder neu, dass du nicht kannst.

Dieser Kreislauf muss unbedingt durchbrochen werden!

Dass du nicht kannst, ist definitiv ein Gedanke aus der Vergangenheit, denn gerade jetzt hast du nicht einmal versucht, es doch zu machen, weil du ja gerade das Alte glaubst. Stell dir doch einmal die Fragen:

- Wie lange glaube ich das schon?
- Wurde in der letzten Zeit bewiesen, dass dies wahr ist?
- Habe ich ernsthaft wenigstens einmal den Versuch unternommen, es zu tun?
- Wie lange schon erzähle ich mir die gleiche Geschichte?
- Wie weit hat mich das gebracht, indem ich diesen Gedanken glaube?

Wenn du es auf Grund deines Denkens nicht tust, hast du der Vergangenheit geglaubt. Du bist dann nicht im Hier und Jetzt. Du haftest an der Vergangenheit, bestätigst sie erneut und legst sozusagen auch eine Vision in die Zukunft, dass es nie gelingen kann. Bedenke bitte, dass der Körper nicht unterscheiden kann, ob etwas gerade jetzt geschieht oder ob es nur ausgedacht wird. Denke einfach mal daran, dass du in eine Zitrone beißt. Schon kommen die Verdauungsenzyme und das Wasser läuft im Mund zusammen. Der Körper reagiert auf das Denken.

Wenn dir bewusst wird, was es alles in dir denkt, hast du eine riesengroße Chance dein Leben zu verändern. Dann kannst du dein Denken stoppen. Das Denken mit neuen Inhalten zu füllen ist eine Kunst, die du wirklich lernen kannst. Es gehört diszipliniertes

Üben/Training dazu. Da muss man dranbleiben. Es müssen sozusagen die alten Denkmuster überschrieben werden.

Deine Gedanken sind der Schlüssel zu einem glücklichen Leben!

Du magst vielleicht bemerkt haben, dass du meistens eine Stimme im Kopf hast, die niemals aufhört zu reden. Das was ich Stimme im Kopf ("Hirnfuck") nenne, das sind deine gewohnheitsmäßigen Gedanken Prozesse. Für die meisten Menschen ist es so, dass diese Stimme im Kopf quasi Selbstgespräche führt, die dazu negativ und meistens auch gegen sich selbst gerichtet ist. Das sind natürlich die Konditionierungen des Verstandes. Aber wir wissen das nicht einmal, denn wir sind so identifiziert mit dieser Stimme im Kopf, dass es keinen Raum darüber hinaus gibt, von dem aus wir erkennen könnten "das ist nur eine Stimme im Kopf". Wenn du mit der Stimme im Kopf identifiziert bist, dann bist du ja die Stimmen im Kopf. Gegenwärtigkeit oder Aufmerksamkeit ist das, aus dem du dir gewahr werden kannst, dass da eine Stimme im Kopf ist. Indem du als Beobachter deines eigenen
Verstandes sein kannst.

Probleme werden meist vom Verstand hervorgerufen.

Die meisten Menschen sind immer noch in diesem ständigen Gedankenstrom. Gehe in deine Achtsamkeit, um zu beobachten, was es alles denkt. Sei der Beobachter deiner eigenen Gedanken. Du kannst deine eigenen Gedanken Prozesse beobachten. Von dieser Beobachterposition aus bist du nicht mehr vollständig identifiziert in dem konditionierten Verstand. Das Wichtigste in deinem Leben ist, diese Veränderung zu durchlaufen und wirklich nicht mehr vollständig identifiziert im konditionierten Verstand zu sein. Das ist so eigentlich das Wichtigste. In deinem Leben diese Veränderungen zu durchlaufen und es ist nicht wirklich schwierig.

Stück für Stück wirst du Veränderungen erkennen in der Art und Weise, wie du auf Ereignisse in deinem Leben reagierst. Veränderungen wie du mit anderen Menschen in Beziehung gehst.

Du wirst z.B. herausfinden, dass Situationen die vorher noch eine ganze Menge an Leid und Schmerz gebracht haben, nicht mehr die Macht haben, dieses Problem oder diesen Schmerz zu bringen. Du wirst auch entdecken und die Wahrheit erkennen, wenn du beobachtest wie du unglücklich wirst in Situationen, in denen du den Geschichten im Kopf einfach nur zuhörst und glaubst.

Es erscheint immer unmöglich, bis es getan wird

Es lohnt sich immer für Dich selbst einzustehen.

Die meisten Menschen glauben, sie würden alle ihre Entscheidungen bewusst, also mit dem bewussten Geist treffen, doch sie treffen diese Entscheidungen mit dem unbewussten, mechanischen Geist. Das Unbewusste sagt: Hallo ich mache das seit 20 Jahren so (oder viel länger). Meinst du vielleicht, du bist derjenige, der das tut, ich mache das für dich. Hörst du auf der Stelle damit auf. Diese Stimme im Kopf redet weiter: du bist deiner Mutter viel zu ähnlich, du wirst dich nie ändern. So oder so ähnlich, wird es Gründe finden, um weiterhin nichts zu verändern. Vergiss alles, was dir dazu einfällt! Du sagst bitte nein erst, wenn du in einem Zustand der Freude, der Liebe oder der Dankbarkeit bist.

Damit konditionierst du dein Unterbewusstsein auf einen neuen Geist und jedes Mal, wenn er wieder in die Vergangenheit zurück will, weil er emotional und frustriert ist oder wenn er die Zukunft vorwegnehmen will, bringst du ihn jedes Mal wieder daraufhin zurück, zudem was du erreichen willst.

Das setzt sehr viel Energie frei und du sendest ein ganz neues elektromagnetisches Signal aus. Übrigens ist es deine Aufgabe, diesen mentalen Zustand den ganzen Tag über beizubehalten.

Du kannst nicht meditieren und einen auf spirituell machen, dich ganz toll und großartig fühlen und dann auf der Autobahn anderen Leuten den Finger zeigen.
Das ist so wie wenn ihr ein gesundes Bio-Frühstück zu euch nehmt und euch dann den Rest des Tages mit ungesundem Junkfood den Bauch vollschlagt. Die Aufgabe besteht darin, den veränderten Bewusstseins Zustand aufrechtzuhalten, ganz unabhängig von äußeren Bedingungen, Gewohnheiten und unabhängig von der Zeit.

Es lohnt sich auf jeden Fall die Gedanken zu beobachten. Gedanken, die in dir gute Gefühle erzeugen, zeigen dir, dass du dich in die richtige Richtung bewegst. Gedanken, die dir schlechte Gefühle bringen, zeigen dir das Gegenteil.

Denke daran, es ist immer alles da. Es ist deine Entscheidung, worauf du den Fokus lenkst. Es ist immer alles gleichzeitig da, du schöpfst sozusagen aus der Fülle, nur
bemerkst du es nicht. Genau um das geht es. Dein Fokus entscheidet über deine Wahrnehmung, welche der Möglichkeiten du für dich auswählt. Wählst du Freude, Liebe, Glück oder Kummer, Angst, Scham oder Schuld. Wo immer auch die Reise hingeht, es wird intensiver werden. Die Gefühle werden im Laufe der Zeit immer intensiver und mächtiger. Du bemerkst dann irgendwann überhaupt nicht mehr, dass alles ursprünglich mit einem Gedanken angefangen hat. Mach dir bitte bewusst, dass deine Wahrnehmung immer selektiv ist. Wenn du die Möglichkeit wählst, dich für Freude, Liebe, Erfüllung und Reichtum zu entscheiden, kann das dazu führen, dass du von nun an immer bessere Entscheidungen triffst, was du wahrnehmen willst oder nicht.

Willst du mehr in die Wahrnehmung der Liebe, der Freude, des Reichtums, der dich umgibt, könnte das dazu führen, dass du in einer Welt der Liebe, der Freude, des Reichtums und des Glücks lebst. Auch wenn dies komplett subjektiv ist. Es ist so schön in die Tiefe des Gefühls von Überfluss, Liebe und Reichtum zu gehen, es ganz leicht geschehen zu lassen und zu bemerken wie es sich in dir ausbreitet. Du kannst ändern und mitgestalten, was du erleben möchtest. Es ist leichter, als du vielleicht gerade denkst.

Dein Denken wirkt sich auf dein Leben aus

Deine Gedanken kreieren deine Realität.
Gefühle sind die Sprache des Körpers. Durch Gefühle kannst du bemerken, ob es deinem Körper gut geht oder nicht. Geht es deinem Körper nicht gut, durch unangenehme Gefühle, geht es dir natürlich auch nicht gut. Nur wer achtet schon darauf? Unsere Vorfahren konnten uns nicht lehren, wie man mit den Gefühlen umgeht, darum laufen auch so viele Menschen unglücklich, das heißt ohne ein Glück oder Freude auf dieser Erde rum. Unsere Ärzte gehen im Allgemeinen nicht wirklich auf unsere Gefühle ein, und die spirituelle Welle kümmert sich nur um das geistige Wohlergehen. Extrem wichtig ist, unseren Körper, Gefühle und Geist zusammenzuführen. Darum bitte, gehe jeden Tag in deinen Körper und spüre, wie es ihm gerade geht. Mache im Geist, im Kopf nichts daraus, egal was es ist, bemerke einfach nur. Zuallererst wirklich nur bemerken, z.B. aha da ist Schwere, hier ist ein körperlicher Schmerz, dort ist Enge in der Brust, da ist eine Verkrampfung und wirklich nichts im Kopf daraus machen, einfach nur bemerken.

Freude, Liebe, Leichtigkeit kannst du wirklich auch nur mit dem Körper erfahren. Denke daran, Gefühle sind die Sprache des Körpers. Noch einmal von vorne:
das Denken holt die dazugehörigen Gefühle, die dann der Körper erlebt.
Der Körper folgt dem Geist. Zuerst ist die Idee da, daraus wird Materie geformt.

Du denkst täglich sechzig- bis siebzigtausend Gedanken. Davon sind neunzig Prozent die gleichen Gedanken, die du bereits am Tag zuvor auch gedacht hast. Diese gleichen Gedanken führen immer zu den gleichen Entscheidungen, diese immer gleichen Entscheidungen erzeugen dieselben Verhaltensweisen, welche wiederum gleiche Erfahrungen erzeugen und diese führen zu den gleichen Emotionen und Gefühlen, welche wiederum die gleichen Gedanken hervorrufen.

Deine Persönlichkeit setzt sich aus deinen Gedanken, Taten und Gefühlen zusammen. Eine neue persönliche Realität kann kreiert werden. Zuerst musst du erfahren, was es überhaupt alles denkt in dir – und das ändern. Wir müssen uns buchstäblich in jemand anderen verwandeln. Solange du dein Gehirn tagtäglich auf die gleiche Weise aktivierst, erzeugst du auch immer wieder die gleiche Geisteshaltung und verdrahtest dein Gehirn so fest, dass du ihm eine sehr begrenzte Signatur verleihst. Das ist eine Art Gehirnschublade. Dieses "Schubladendenken" hinter sich zu lassen würde bedeuten, dass du dein Gehirn dazu bringst, neue Sequenzen mit neuen Mustern und neuen Kombinationen zu aktivieren. Und wenn du dein Gehirn dazu bringst, anders zu funktionieren, dann veränderst du auch deinen Geist, denn der Geist ist das Gehirn in Aktion.

Noch einmal:

Du kannst mitgestalten, was du gestalten möchtest und es ist leichter als du denkst.

Raus aus dem Trott

Jetzt ist immer der richtige Moment. Jetzt verändern, etwas anderes tun, raus aus dem Trott. Jetzt an dich glauben. Jetzt bemerken, um mich herum ist Liebe. Alles um dich herum möchte, dass du glücklich bist. Hier ist nur der Fokus wichtig und entscheidend, dass alles geschehen kann, alles möglich ist. Andere Menschen kommen dann früher oder später freundlich und wohlgesonnen auf dich zu. Nichts und niemand hat so eine Macht über dich und deine Gedanken. Nichts und niemand ist mächtiger als du. Wir sind hier auf die Erde gekommen mit dem Geburtsrecht auf Liebe und Freude, darum erlaube dir in dieser Spur von Liebe und Freude zu leben.
Es ist so extrem wichtig, dir selbst ein Versprechen zu geben, dass sich dein Leben auf Freude, Liebe und was du auch immer willst, ausrichtest. Ich verspreche es mir selbst, jeden Tag neu. Gibst du den Gedanken Freiraum (das wirst du bereits wissen) kommt nichts Gescheites dabei raus. Denn dann werden die Gedanken in der

Vergangenheit rumwühlen und es wird immer nur ungute Situationen finden. Ja schade, leider ist das so.
Gedanken Training in die positive Richtung gehört einfach mit dazu. Stell dir vor, du hast 20, 30, 40 oder sogar 50 Jahre geglaubt: ich kann das nicht. Du weißt ganz genau, wenn du einmal, zweimal oder dreimal sagst: ich kann das, das nichts nützen wird, nichts bewegen wird in dir. Das muss genauso tief eingegraben werden und noch tiefer, wie der alte Glaubenssatz, um dies zu berichtigen. Ein Training eben.
Ich habe mir erlaubt in die Freude zu gehen. Ich habe mir erlaubt in die Liebe zu gehen. Und es ist gar nicht so schwierig, wie du vielleicht denkst. Es ist viel leichter, als du wahrscheinlich denkst. Bleibe dir ehrlich treu, erlaube dir glücklich zu sein. Ein glückliches und erfülltes Leben zu haben und was auch immer du dir wünschst.

Du denkst täglich sechzig- bis siebzigtausend Gedanken. Davon sind neunzig Prozent die gleichen Gedanken, die du bereits am Tag zuvor auch gedacht hast. Diese gleichen Gedanken führen immer zu den gleichen Entscheidungen und die immer gleichen Entscheidungen erzeugen gleiche Verhaltensweisen, welche wiederum gleiche Erfahrungen erzeugen und diese führen zu den gleichen Emotionen und Gefühlen, welche wiederum die gleichen Gedanken hervorrufen.

Deine Persönlichkeit setzt sich aus deinen Gedanken, Taten und Gefühlen zusammen.

Wenn du eine neue persönliche Realität erleben willst, musst du zuerst bemerken, was du denkst – und das ändern. Wir müssen uns buchstäblich in jemand anderen verwandeln. Denn: Nervenzellen, die zusammen aktiviert werden, reagieren aufeinander. Und solange du dein Gehirn tagtäglich auf die gleiche Weise aktivierst, erzeugst du auch immer wieder die gleiche Geisteshaltung und verdrahtest dein Gehirn so fest, dass du ihm eine sehr begrenzte Möglichkeit verleihst.
Dieses "Schubladendenken" hinter sich zu lassen würde bedeuten, dass du dein Gehirn dazu bringst, neue Sequenzen mit neuen Mustern und neuen Kombinationen zu aktivieren. Und wenn du dein Gehirn dazu bringst, anders zu funktionieren, dann veränderst du auch dein Bewusstsein. Das veränderte Bewusstsein bringt neue

Möglichkeiten in dein Leben. Auch Möglichkeiten, die dir jetzt noch unmöglich erscheinen. Wenn sich Menschen auf diesen Veränderungsprozess einlassen und
nicht mehr so denken, wie sie bislang gedacht haben und die Emotionen aufgeben, die sie immer wieder definierten, verändert sich ihr Leben.

Stell dir vor, irgendwo in einer Schlange zu stehen am Flughafen oder im Supermarkt und es geht nichts voran. Da gibt es eine Verspätung, weil die Menschen so langsam sind. Nicht effizient genug. Da werden die Menschen ganz schnell irritiert, werden ungeduldig und regen sich auf. In solchen Situationen glauben sie, dass sie sich aufgrund der Situation aufregen. Aber wenn sie sich die Ursprünge des Unglücklichseins genauer anschauen würden, dann würden sie herausfinden, dass sie nicht unglücklich sind, weil sie gerade in der Schlange stehen, sondern sie unglücklich sind, weil ihr Verstand sagt, dass es eine schlechte Situation ist, dort in der Schlange zu stehen. Die Stimme im Kopf sagt alle möglichen Arten von Dingen, warum das jetzt unmöglich ist, jetzt in der Schlange zu stehen. Sie sucht nach Beweisen wer daran schuld ist und und und. Die Stimme im Kopf kommentiert ständig. Wenn du dir dessen gewahr sein könntest, in der Situation, dass dein Verstand jetzt gerade nur rummeckert und damit deine ungewollten Gefühle hochgeholt werden, würdest du auf der Stelle damit aufhören. Mit der Achtsamkeit auf die Gedanken würdest du mitbekommen, gewahr werden, was der Verstand gerade sagt und dich damit unzufrieden macht.

Wenn du gegenwärtig wärst in der Situation und den vielen anderen Situationen, auch in den sogenannten ernsten Situationen, wenn du tatsächlich gegenwärtig wärst, dann würdest du erkennen, dass das Unglücklichsein, das du gerade erlebst in deinem Verstand entsteht und letztlich nicht von der Situation verursacht wurde, in der du dich gerade befindest.

Wenn du das entdeckst, dann kommt die Möglichkeit der Freiheit und die Möglichkeit der freien Entscheidungen. Jetzt hast du die freie Wahl, möchte ich diese Gedanken weiterhin denken und mich unglücklich fühlen oder wäre ich lieber frei von diesem Unglück in dieser Situation. Dann scheint Gegenwärtigkeit noch stärker auf und plötzlich nimmst du diesen Moment so an, wie er ist. Es ist ohnehin nicht viel, was du tun kannst. Das ist eine komplette Veränderung in der Art und Weise, wie du diesen Moment erfährst und erlebst. Du bist frei von der Bürde des Unglücklichseins. Dies ist nur ein kleines Beispiel wie Achtsamkeit und Gegenwärtigkeit dein Leben transformieren können.

Wenn du dies erkennst, kannst du Schritt für Schritt an einer neuen Grundhaltung arbeiten. Je öfter du auf einen positiven Ausgang einer Situation vertraust,
desto mehr Synapsen kann dein Gehirn erstellen. Mit der Zeit wirst du die Zuversicht und das Selbstvertrauen aufbauen, um endlich deine ganze Kreativität und dein volles Engagement auszuschöpfen. Du kannst dein Gehirn also gezielt verändern.

Natürlich ist es das Gleiche, wenn du über Beziehung nachdenkst. Wenn du Menschen nicht mehr ständig verurteilst durch den konditionierten Verstand, dann erfährst du viele, viele Veränderungen in der Art und Weise, wie du mit anderen Menschen in Beziehung gehst. Schau, dass du nicht mehr auf Gedeih und Verderb der Konditionierung deines Verstandes ausgeliefert bist.

Unglücklichsein ist Abwesenheit von Glück

Es gibt viele Arten von Unglücklichsein. Unglücklich in jeder Weise, wie Irritationen, Ärger, Wut, Aggression, Ablehnung, Selbstmitleid bis hin zu Hass. Das Unglücklichsein in deinem Leben ist zu einem großen Teil zurückzuführen auf die Gedankenprozesse in deinem Kopf, weniger auf die tatsächliche Situation. Du fühlst dich also unglücklich in der Mehrheit der Fälle, nicht aufgrund der Situation, in der du dich befindest, sondern aufgrund dessen, was dein Verstand dir sagt.

Du könntest erkennen, dass das Unglücklichsein, das du gerade erlebst, in deinem Verstand entsteht und letztlich nicht von der Situation verursacht wurde, in der du dich gerade befindest. Wenn du das entdeckst, dann erst kommt die Möglichkeit der Freiheit und die Möglichkeit der freien Entscheidungen. Jetzt hast du die freie Wahl, möchte ich diese Gedanken weiterhin denken und mich unglücklich fühlen? Oder wäre ich lieber frei von diesem Unglück in dieser Situation?

Nimmst du jeden Moment deines Lebens so an, wie er ist? Es gibt sowieso ohnehin nicht viel, was du anders tun könntest. Fest steht, dass das eine komplette Veränderung in der Art und Weise geben wird, wie du diesen Moment erfährst und erlebst. Du bist frei von der Beschwerde des Unglücklichseins.

In diesem Leben wäre es das Beste, dass du durch diese Veränderungen im Leben hindurch gehst. Dass du nicht mehr auf Gedeih und Verderb der Konditionierung deines Verstandes ausgeliefert bist, der schon während der ganzen Kindheit natürlich konditioniert wurde, durch viele, viele Einflüsse. Anstatt nun der Konditionierung des Verstandes ausgeliefert zu sein (da besteht ja keine Freiheit), ergreife die Möglichkeit, die Konditionierung des Verstandes zu transzendieren und tatsächlich frei zu werden. Wovon befreit? Letztlich von deinem eigenen mechanischen und unbewussten Denken. Dann bist du in der Lage deinen Verstand, deine Denkfähigkeit zu nutzen auf eine viel effektivere Art und Weise. Dann hat sich das verändert, dass du nicht mehr von deinem Verstand benutzt wirst, sondern du nutzt deinen Verstand.

Das ist ein sehr bedeutender Unterschied. Wenn du mit diesem ständigen Gedankenstrom identifiziert bist, dann denkst du letztlich nicht, das Denken geschieht dir. Du weißt das ja gar nicht. Du identifizierst dich damit. Du denkst nur, dass du denkst. Es ist aber dein konditionierter Verstand in dir, der denkt. Du gibst ihm ein Selbstgefühl, indem du das anerkennst, was gelabert wird, weil du unwidersprochen glaubst, dass es so ist.

Veränderung ist, statt selbst identifiziert mit dem Gedankenstrom zu sein, zu entdecken, dass ein Gedankenstrom in dir besteht. Meist besteht dieser Gedankenstrom auf eine gewisse Art und Weise, dass daraus Leiden entsteht, für dich selbst und für andere. Wenn du dies bemerkst, dann kannst du davon frei werden! Wenn du entscheidest und erlaubst, dass zu denken, was du wirklich willst. Das zu denken, was du erschaffen und erleben willst.

Es braucht meistens eine Krise, ein Trauma, eine Krankheit oder einen Verlust, bis die Menschen aufwachen und sich auf einmal bewusst werden, wie sie konditioniert
sind. Warte nicht darauf, dass das Leben dich zwingt etwas zu verändern!
Tue es JETZT!

Gedanken sind eine elektrische Ladung im Quantenfeld. Die Gefühle, die wir ausstrahlen, sind eine magnetische Ladung im Quantenfeld. Unser Denken und Fühlen senden einen elektromagnetischen Impuls aus, welches jedes einzelne Atom in unserem Leben beeinflusst. Der Gedanke sendet das Signal aus und das Gefühl zieht das Ereignis an. Welche Signale sendest du tagtäglich aus?

Der Geist hat die Kraft, Leiden zu heilen. Du musst dir nur darüber bewusst werden, wer wirklich die Kontrolle über dein Gehirn hat. Die meisten Probleme entstehen durch ungünstige Geistes Gewohnheiten. Erinnere dich an die Macht der unbewussten Gewohnheiten im Denken. Erinnere dich, in deinem Kopf beginnt alles.

Sowohl Depression, Burnout als auch Angst und Essstörungen usw. sind im Grunde nichts anderes als Teufelskreise. Eine bestimmte ungünstige Verknüpfung, die durch Wiederholung zur Standardeinstellung wird. Je stärker die Gewohnheit, desto schwerer wird es den Kreis zu durchbrechen und anders zu handeln.

Nimm das Beispiel der Depression, die meistens eine Mischung aus genetischer Disposition und äußeren Einflüssen ist. Der Betroffene hat ein einschneidendes Erlebnis, auf das er ungesund reagiert z.B. mit Selbstvorwürfen, Selbstzweifeln und Pessimismus. Da er seine Denkmuster nicht bewusst reflektiert, prägen sie sich tief ins

Bewusstsein ein. Da ein Geist seine eigene Wahrnehmung schmiedet, werden die Gedanken zur Realität. Der Betroffene vergisst, dass auf jeden Regen irgendwann Sonnenschein folgt. Bald glaubt er, dass auch die Zukunft nur Schlechtes für ihn bereithält. Der Ausweg liegt wider Erwarten nicht nur darin, diese Gewohnheiten mit Willenskraft zu bekämpfen.
Also das große Geheimnis liegt darin, mit dem Kämpfen aufzuhören. Bewusst sich selbst zu vergeben und erlauben, dass gewesen sein darf, was war. Der Anfang all dieser positiven Veränderungen ist also eine achtsame Einstellung zum Leben, zu dir selbst. Diese Achtsamkeit ist der Schlüssel, mit dem wir unseren Geist von allen Ketten befreien.
Man kann nur selbst in die Heilung gehen, wenn man sich annimmt und mit sich selbst ins Reine kommt. Wir dürfen den dunklen und ungeliebten Teilen unseres Selbst nicht mit Hass oder Widerstand begegnen. Wir müssen sie in unser Selbstbild integrieren. Die unangenehmen, ungeliebten Situationen und Gefühle sind nur solange unser Gegner, wie wir sie bekämpfen. Wir kommen erst weiter, wenn wir uns fragen, was eigentlich ihr Ursprung ist.

Die Kraft der Veränderung und Selbstheilung liegt in der Fähigkeit deines Geistes, deine Wahrnehmung der Welt zu bestimmen. Der Schlüssel für dieses höhere Bewusstsein ist die Achtsamkeit. Wer achtsam ist, ist anderen Sichtweisen und Lebensentwürfen gegenüber offen. Dein Gehirn kann sich sein Leben lang verändern. Wenn du nur zuversichtlich genug bist, um dich immer wieder Neuem und Unbekanntem auszusetzen. Jeder neue Impuls und jeder neue Gedanke lässt neue Synapsen entstehen, die dein Gehirn bis ins hohe Alter fit, flexibel und leistungsfähig halten.

Du bist nicht einfach nur Spielball der Ereignisse in deinem Leben, denn alles hängt von deiner eigenen Einstellung ab. Wenn du dir deiner Macht gewahr wirst und deine Einstellungen änderst, kannst du nahezu alles erreichen.

Ärger

Schauen wir uns doch mal Ärger an und wie schnell Ärger entsteht. Hast du jemals bemerkt, wann genau, in welchen Situationen Ärger in dir entstanden ist? Vielleicht wusstest du z.B. ganz genau, dass du etwas nicht gerne machst, dass du dabei sogar wahrscheinlich sauer und wütend wirst und hast es gegen jedes bessere Wissen trotzdem getan? Du bist ständig über die eigenen Grenzen gegangen, denn anders kommt man nicht in den Zustand, wo man nicht mehr weiter weiß.

Wahrscheinlich behauptest du auch noch, du hast alles getan, ja klar, du hast viel, wahrscheinlich viel zu viel getan und nie das, was du wirklich wolltest. Immer nur für andere oder für die Familie, für den Job, für das Geld, für das Auto, für das Haus, für äußere Dinge. Kaum jemandem ist bewusst, dass unser Leben nur glücklich werden kann, wenn wir Dinge tun, die uns Freude machen. Geld kann dir niemals so viel Freude machen wie Liebe, Anerkennung und Frieden. wie wertvoll ist ein harmonisches Familienleben? Das kann man mit Geld nicht aufwiegen.

Kaum ein anderer kann einen Menschen so sehr aufregen und zur Weißglut bringen, wie der geliebte Partner, plötzlich macht's puff. Dann explodiert die Wut im Bauch.

Kannst du deinen Ärger nicht auf direkte, offene und konstruktive Weise zur Sprache bringen, wächst der noch so kleinste Ärger zur Wut an oder gar zur Rage oder Zornesglut. Dahinter steht aber immer noch eine Absicht der Zuwendung, mit dem Betroffenen eine Diskussion und Auseinandersetzung um die Sache anzustreben, welche die Dinge zum Besseren verändern soll.

Wird der Ärger jedoch mit diversen Taktiken unterdrückt oder du nimmst diesen Ärger in manchen Situationen gar nicht mehr wahr, dann erscheint er als passive Aggression z.B. als gelangweiltes

Gähnen, während der andere redet oder durch “Keine Ahnung“ oder “Weiß nicht“ Antworten. Immer wieder wird etwas vergessen, es kommt zu ständigen Vertröstungen und Missverständnissen. Es entsteht eine Trotzreaktion.

In deinem Inneren kommt jedoch das Selbstgespräch nicht zur Ruhe. Man hadert insgeheim immer noch und es erwächst langsam Bitterkeit und Groll. Irgendwann entlädt sich der angeschwollene Trotz, Grimm und Ärger dann in offenem Hass. Der letzte Versuch, doch noch die gewünschte Aufmerksamkeit für das eigene Anliegen zu erhalten. Die schon lange anstehenden, inzwischen sehr vielen Dinge endlich aussprechen zu können. Und weil wir nicht sofort bei dem ersten Bemerken unseres Ärgers oder Unmuts das ausgesprochen haben, was wir aussprechen wollten, kippt dann alles in Wut um und es wird meistens richtig giftig, die Galle steigt hoch.

Es ist inzwischen ja nicht nur das eine Ding, mit dem es angefangen hat, sondern es wurde inzwischen zu einem riesigen Berg. Es ist immer mehr an Unmut und Ärgernis dazugekommen. Unsere Gedanken haben sämtliche Rückerinnerungen an unschöne Situationen mit hinein gepackt in diese eine Situation. Es erscheint nun unüberwindbar.

Die Geschichte im Kopf wird immer größer und größer. Inzwischen hat sich auch Angst mit in die Situation hinein geschmuggelt. Die Energie schlägt um in Geringschätzung und Verachtung, spitzen, zynischen und beleidigenden Bemerkungen bis hin zu offenem Sarkasmus und schrecklich abfälligen Bemerkungen. Aus Liebe ist tiefe Feindseligkeit geworden.

Der “geliebte Partner” hört jetzt unter diesen Umständen Sätze wie: “Du kotzt mich an, ich halt’ das nicht mehr aus, verschwinde!“ oder auch: “Du widerst mich an! Ich kann dich nicht mehr sehen.“

Negative Gefühle wie Aggressivität werden auch durch automatisierte Denkmuster ausgelöst, die du verändern kannst. Bestimmt erwischst du dich inzwischen manchmal dabei, dass du in Gedanken mit dir selbst nicht gerade liebevoll umgehst. So ein Mist, war ja klar, dass mir das wieder passiert. Oder, das schaffe ich nie, bin ich blöd. Solche inneren Schimpftiraden sind weit verbreitet. Das hört sich alles ganz harmlos an, diese Sprüche sind aber gefährlich für deine Gefühlslage. Denn sie bestimmen über deine Gefühle. Deine eigene Bewertung, die dazu führt, dass es dir schlecht geht. Denke daran, dass erst der Gedanke da ist, worauf das dazugehörende Gefühl folgt.

Wir alle haben bestimmte negative Denkmuster, in die wir immer wieder unbewusst hineinfallen. Wie dramatisch sie sich auswirken hängt davon ab, ob du sie bemerkst und wie du mit ihnen umgehst.

Viele Menschen neigen auch dazu, einzelne Ereignisse zu generalisieren und in die Zukunft zu projizieren. Diese Gedankengänge laufen fast immer unbewusst ab. Was dazu führt, dass du die implizierten Schlussfolgerungen übersiehst. So denkst du dir z.B. ich bin verärgert, weil meine Freundin zu spät zur Verabredung kommt. Dabei bemerkst du allerdings die folgenden Gedankenschritte nicht: Es denkt z.B. meine Freundin kommt zu spät, weil es ihr nicht wichtig genug ist, sich mit mir zu treffen, weil sie mich eigentlich gar nicht mag. Und von nun an wird sich dein Inneres ganz speziell um deine Freundin kümmern. Jetzt wird auf alles genauestens geachtet, was sie jemals gesagt und getan hat. Wenn sie dich jetzt nur verdächtig komisch anschaut, beginnt das nächste Drama im Kopf. "Ich wusste es ja, sie kann mich nicht leiden!" hörst du dann die Stimme in dir, und weiter geht's: "Sie war schon immer komisch zu mir, weil sie von mir denkt: ist die albern!". Oder und und und.

Bemerkst du, dass hier auf einen kleinen Ärger, immer mehr Ärger kommt? Du sprichst nicht aus, was du vermutest oder fragst nach, ob es stimmt, was es in dir denkt. DU glaubst einfach was es denkt.

Stell dir vor, dass jede Ärger Situation wie feiner Sand ist, der sich im Bauch speichert. Es kommt mehr und mehr dazu. Und bedenke, da war schon lange bevor du deine Freundin kennengelernt hast, auch schon Sand, sprich Ärger von ganz anderen Situationen im Bauch. Wenn neuer Ärger hinzukommt, dann wird dieser jedes Mal im Unbewussten mit dem alten, vergangenen Ärger korrespondiert, egal ob der alte Ärger mit dem neuen Ärger etwas zu tun hat oder nicht. Umso mehr Ärger du in deinem Leben erlebt hast, umso mehr alter Ärger kommt in jeder neuen Situation mit hoch. Aus diesem Sand werden dann, wenn lange genug gepresst oder eingelagert wird, kleine Steine, die du auch als Wut bezeichnen kannst. Also auf deutsch: viele, viele kleine Ärger Situationen ergeben mit der Zeit Wut. Aus diesen alten kleinen Steinchen werden mit der Zeit richtige Kieselsteine, die schon viel größer sind. Das bedeutet in deinem Bauch, in deinem Körper wird es immer schwerer und diese Kieselsteine drücken dann Wut aus.

Geschieht weiterhin nichts, wird der Ärger, der schon längst Gewohnheit ist und du ihn nicht einmal mehr bemerkst, so schwer wie ein Fels. Da kommt dann ein neuer Glauben hinzu: “Das Leben ist schwer”. Kommt weiterhin noch mehr Ärger und mehr Ärger dazu, werden aus diesen Kieselsteinen richtige Felsbrocken. Dies ist dann der Ausdruck von Aggression und Hass.

Um diese Denkmuster zu durchbrechen, musst du sie dir erst einmal bewusst machen!

Entsteht Aggressivität durch ungeschickte Kommunikation?

Wenn wir hundertprozentig kommunizieren wollten, müssten wir jedes Wort ganz genau definieren. Je ähnlicher unsere Erfahrungen, Überzeugungen, Hoffnungen, Prioritäten, Wertvorstellungen, Wünsche und Meinungen sind, umso ähnlicher ergänzen wir das Gesagte in unserem Gehirn. Wir ergänzen und interpretieren angepasst an unsere Wahrnehmung. Die meisten Kommunikationen, die wir haben, sind Ergänzungen aus unserer Vergangenheit.

Denke daran, deinem Gegenüber geht es nicht anders.

Übe Dich in einer wertfreien Beobachtung.

Schaust du in erster Linie auf Kontrolle, Täuschung, Konkurrenzdenken und auf Aggression, dann bietet dir das eine wunderbare Möglichkeit, dir das Gefühl zu geben, ganz klein und unbedeutend zu sein. Du hast deine Träume und in dir läuft ein Programm ab, das sagt: "Wenn ich endlich so viel Geld habe, wie ich brauche, dann bin ich frei." Da frage ich dich: Du wartest auf deinen Reichtum, um dich frei zu fühlen? Warum fühlst du dich nicht einfach frei? Anstatt darauf zu warten, dass du einen Liebsten oder eine Liebste findest, um dann Dankbarkeit und Freude zu empfinden, warum verweilst du nicht einfach in Dankbarkeit und Freude? Warum brauchst du dazu diesen Menschen? Warum bist du nicht einfach glücklich? Ist das nicht einfach das Einüben des Programms?

Egal wie tief destruktive Verhaltensmuster in dir gespeichert sind, es gibt immer eine Möglichkeit dich von ihnen zu befreien. Negative Gedanken und Glaubenssätze existieren in unserer Persönlichkeit und beeinträchtigen unser Leben. Die meisten entstehen in unserer Kindheit durch wiederholte Botschaften, die sich in unserer Psyche manifestieren.

Wenn Missverständnisse entstehen, erkenne sie wieder und höre auf, die Schuldfrage zu stellen. Jeder interpretiert anders in seiner ureigenen Welt.
Hol dir unbedingt Hilfe, wenn du es allein nicht schaffst!

Wut ist ungelebte Energie

Alles, was du nicht aussprichst, speichert sich als Energie in deinem Körper. Alles, was du dich nicht traust zu tun, speichert sich auch als Energie im Körper. (Denke auch an die zuvor erwähnten Kieselsteine.)

Diese Energie nimmst du zuerst als Unwohlsein wahr, dann als Ärger und später als Wut und je nachdem explodiert es irgendwann, ohne dass du die genaueren Zusammenhänge mitbekommst. Weil es gerade augenscheinlich im Außen um etwas ganz anderes geht. Darum sprich‘ aus, was auszusprechen ist und tue, was gut für dich ist.

Wenn du wütend bist und du dir wünschst, dass es einem anderen Menschen schlecht geht, dann bemerke bitte, dass es gar nicht um diesen Menschen geht. Es geht um dich! Du darfst verstehen, dass wo du noch nicht vergeben hast, kein Frieden entstehen kann.

Warum vergeben? Du kennst das doch auch. Es gibt immer wieder Menschen im Leben, die gemein zu dir sind. Denen soll ich dann auch noch vergeben? Und weil ich dachte: wenn ich vergebe, dann tue ich es, damit es dem anderen besser geht, hat das nie funktioniert. Aber du darfst vergeben, damit es dir besser geht. Verzeihe was war! Wir vergeben anderen Menschen nicht, damit es ihnen besser geht, sondern damit es uns besser geht. Darum geht es doch, wenn du wütend bist.

Ich habe festgestellt, es ist das Ego. Kennst du das auch, es nicht zugeben zu wollen? Es ist das Ego (die Gedanken), das im Weg steht. Nein, schreit es tief verletzt, das kann ich nicht verzeihen. Aber vergibt diesen Menschen, damit es dir besser geht. Ich weiß, ich weiß wirklich, dass es uns manchmal sehr, sehr schwer fällt. Vielleicht ist es ein Mensch aus deiner Familie, dem du nicht vergeben kannst. Es ist nicht diese Enttäuschung, wie du vielleicht glaubst. Die Gefühle zerstören dich innerlich. Sie werden auch die Beziehung zu allen Menschen um dich herum zerstören. Das heißt, dieser eine Mensch an deren Wut du festhältst, zerstört nicht nur dich, sondern auch die wunderbaren Beziehungen, die hast. Und verstehe bitte richtig, es ist nicht dieser eine Mensch, es ist das Gefühl, dass du gegen ihn hegst. Dieses Gefühl der Wut ist in dir entstanden. Es zerstört deinen Körper und deinen Geist. Du hast diese unangenehmen Gefühle und die Unruhe in dir.

Wenn jemand z.B. seiner Mutter oder seinem Vater nicht vergeben kann, stört dies das Verhältnis zu allem, was dir im Leben begegnet. Und du bist es doch, die/der es am wenigsten verdient hat. Ich kann dir sagen, meine Mutter hat mich so sehr enttäuscht und ich habe ihr jahrzehntelang nicht verzeihen können. Ich habe nicht vergeben können, bis ich verstanden habe, dass es mich kaputt macht. Dieses Gefühl zerstört mich.
Diese Wut nehme ich mit ins Bett und mit dieser Wut stehe ich wieder auf. Das wollte ich nicht mehr und irgendwann habe ich verstanden, dass ich diesen Menschen verzeihen sollte. Du musst für dich nicht so fühlen. Du musst für dich entscheiden. Das ist das Schönste im Leben, wenn du anfängst, dich selbst von innen heraus zu lieben. Das geht nur, wenn du die Freiheit spürst, andere Menschen und alle Situationen so anzunehmen, wie sie sind. Sie nicht mehr verändern zu wollen.

Ich hoffe sehr, dass du verstanden hast, warum es wichtig ist, Menschen zu vergeben. Wenn du auch Menschen um dich herum hast, denen es schwer fällt, Menschen zu vergeben, die immer wieder aufstehen mit dieser Wut, mit dieser Geschichte, mit dieser Vergangenheit, dann hilft diesen Menschen ein Mut machendes Wort, ein Verstehen und ein Lächeln. Gebe ihnen deine Geschichte, damit sie verstehen, wie sehr verzeihen helfen kann. Zeige diesen Menschen, dass auch sie Wertvoll sind, gebe ihnen die Hand.

Ich hoffe wirklich, du hast verstanden, dass du unbezahlbar bist, dass du deinen Wert niemals verlieren wirst, deinen Wert als Mensch. Egal wie oft du hinfällst, steh‘ wieder auf, denn es ist wunderbar schön, dass es dich gibt!

Eine neue Zukunft

Hast Du heute morgen beim Aufwachen bewusst eine neue Zukunft kreiert?

Menschen machen das nicht, weil sie das nicht für möglich halten! Wie wäre es, wenn du tief vom Bauch heraus wüsstest, dass du jeden Moment mit deinen Gedanken dein Schicksal erschaffst? Würdest du jemals auch nur eine Stunde verpassen wollen, was es gerade denkt? Würdest du jemals auch nur einen Gedanken denken, der schädlich für dich ist?
Denke daran, 90 % unserer Gedanken sind dieselben Gedanken, wie ihr sie am Tag zuvor gedacht habt. Dieselben Gedanken wiederum führen zu denselben Entscheidungen und die immer gleichen Entscheidungen erzeugen dieselben Verhaltensweisen, und dieselben Erfahrungen zu denselben Emotionen und Gefühlen, welche dieselben Gedanken hervorrufen!!!!!

Trauer und Verzweiflung sind große Gefühle. Sie brauchen Raum damit wir sie verarbeiten können. Das ist ein ganz natürlicher Vorgang. Wir gestehen uns heute nur viel zu selten ein, dass uns etwas betrübt. Wir denken, dass wir unsere Trauer schnell wegstecken und klarkommen müssen.

Unterdrückte Gefühle verursachen jedoch körperliche und seelische Krankheiten.
Willst du immer funktionieren und leisten? Willst du unangenehme Gefühle am liebsten outsourcen, einfach wegmachen? Keine Schwächephasen mehr entstehen lassen? Das ist nicht die Lösung. Es nützt überhaupt nichts, Gefühle gewaltsam zu unterdrücken. Irgendwann bahnen sie sich ihren Weg zurück an die Oberfläche und erwischen dich mit voller Wucht.

Unser Geist hat die Kraft, Leiden zu heilen oder wenigstens effektiv zu mindern. Du musst dir nur darüber bewusst werden, wer wirklich die Kontrolle über dein Gehirn hat. Die meisten Probleme entstehen durch ungünstige Gedanken-Gewohnheiten. Erinnere dich an die Macht der unbewussten Gewohnheiten im Denken. Erinnere dich, in deinem Kopf beginnt alles.

Burnout, Depression, Trauer und Angst sind im Grunde nichts anderes als Teufelskreise. Eine oder mehrere ungünstige Verknüpfungen im Gehirn und diese wird durch Wiederholung zur Standardeinstellung im Denken. Je stärker und älter die Gewohnheit ist, desto schwerer wird es den Kreis zu durchbrechen und anders zu denken und zu handeln.

Burnout, Depression, Angst oder Trauer liegt zumeist ein einschneidendes Erlebnis zugrunde, auf das wir ungesund reagiert haben, z.B. mit Selbstvorwürfen, Selbstzweifeln und Pessimismus. Wenn wir unsere Denkmuster nicht bewusst reflektieren, prägen sie sich tief ins Bewusstsein ein. Da unser Geist seine eigene Wahrnehmung schmiedet, werden die Gedanken zur Realität. Wir vergessen das auf jeden Regen irgendwann Sonnenschein folgt.

Bald glauben wir dann, dass auch die Zukunft nur Schlechtes für uns bereithält hält. Mit Willenskraft ist hier nicht der Ausweg zu finden, denn dieser liegt wider Erwarten nicht darin, die Gewohnheiten zu bekämpfen. Im Gegenteil sie können nur heilen, wenn wir sie annehmen und mit uns selbst ins Reine kommen. Wir dürfen den dunklen und ungeliebten Gedanken, Gefühle und Gewohnheiten nicht mit Hass oder
Widerstand begegnen. Wir sollten sie in unser Selbstbild integrieren. Sie sind nur solange unsere Gegner, wie wir sie bekämpfen. Wir kommen erst weiter, wenn wir erlauben, annehmen und verzeihen. Wir dürfen uns fragen, was eigentlich ihr Ursprung ist. Ganz oft trauern wir nämlich um verpasste Gelegenheiten, wie z.B. wichtige Dinge nicht ausgesprochen zu haben, zu schlecht über diesen oder jenen gedacht zu haben, usw. Dann kommt Angst hinzu, weil wir meistens nicht mehr korrigieren können.

Was auch immer es war, schaue liebevoll und wohlwollend auf die Person, die Situation und auf dich. Verzeihe, ganz besonders dir selbst. Wisse, dass es vorbei ist und du dich gerade in der Vergangenheit bewegst. Du kannst auch ein Glas Milch, dass du in den Ausguss geschüttet hast, nie wieder zurückholen, egal wie verkrampft und angestrengt du das versuchst. Komm‘ in das Jetzt zurück, weil auch diese Vergangenheit, mit all ihren Gedanken und

Gefühlen, eine Vision für deine Zukunft darstellt. Das sollte Grund genug sein, wieder freundlich und liebevoll mit dir selbst zu reden, also ich meine, deine eigenen Gedanken im Kopf dürfen wohlwollend über dich denken.

Wenn wir das Gehirn bewusst als eine Art Schaltkreis sehen, können wir gezielt in seine Funktionsweise eingreifen. Unser Gehirn ist also niemals einfach fertig, sondern im fortlaufenden Prozess der Veränderung. Mindestens genauso erstaunlich ist die Erkenntnis, dass wir mit der richtigen Einstellung sogar aktiv in diesen Prozess eingreifen können. Stell' dir die synaptischen Verkettungen deiner Nervenzellen als Schaltkreise vor. Diese Reihenschaltungen sind in der Lage, sämtliche Grundfunktionen deines Körpers komplett automatisch durchzuführen, vom Herzschlag über die Atmung und Verdauung bis hin zur Wundheilung.

Dein Gehirn ist es gewohnt, bestimmte Reize selbständig auf eine bestimmte Art zu bedienen. Das gilt sogar für viele emotionale Reaktionen, z.B. jemand hat wenig Selbstvertrauen und hat sich im Laufe seines Lebens angewöhnt, anderen Menschen mit Selbstmitleid oder Rückzug zu begegnen. Dieses Verhalten ist zu einem Muster geworden, dass beim Reiz einer Kritik immer wieder ganz bestimmte neuronale Verbindungen aktiviert. Automatisch springen dann immer dieselben bevorzugten elektrischen Verschaltungen an.

Die gute Nachricht lautet, wir können diese Schaltkreise verändern, löschen oder komplett neu anlegen. Voraussetzung dafür ist nur, immer wieder einen neuen und bewussten Impuls zu setzen. Wir können unserem Gehirn durch neue Erfahrungen und Gedanken gezielte Anweisungen zur Reorganisation der Schaltpläne geben. Das tun wir ganz einfach, indem wir uns in Achtsamkeit üben und indem wir uns nicht länger passiv und unreflektiert den Automatismen unseres Unterbewusstseins fügen. Stattdessen nehmen wir bewusst wahr, wie wir die Welt erfahren. Jeder von uns besitzt die Fähigkeit, die Gewohnheiten seines Gehirns zu beobachten und zu erkennen, also gewissermaßen von außen oder oben auf seine mentalen und emotionalen Verschaltungen zu schauen. Je mehr du dich in diesem Draufschauen übst, desto bewusster kannst du Verknüpfungen aufbrechen, neu konfigurieren, deine Muster erkennen und aktiv mit ihnen brechen.

Alles Wissen nützt Dir nichts,
wenn Du nicht in die Handlung gehst!

Neuroplastizität unseres Gehirns

Unsere Persönlichkeit ist viel flexibler, als wir denken. 'Ich bin halt so' oder 'das kann ich nicht ändern', kommt dir das bekannt vor? Diese Ausreden ziehen heute nicht mehr, denn die Hirnforschung ist sich mittlerweile einig, dass sich jeder verändern kann, wenn er es möchte oder wenn die Umstände uns dazu zwingen.
Das Gehirn bleibt ein Leben lang lernfähig.

Neuroplastizität ist die Fähigkeit des Gehirns, sich selbst zu ändern. "Neuro" bezieht sich auf die Neuronen in unserem Gehirn- die Nervenzellen im Nervensystem. "Plastizität" meint, dass es veränderbar ist. Wir sind also in der Lage, durch Gedanken und Übungen unsere Gehirnstruktur zu beeinflussen und zu formen. Neuroplastizität oder neuronale Plastizität ist eine Eigenschaft von Synapsen, Nervenzellen oder auch ganzen Hirnarealen, sich in Abhängigkeit von ihren Aufgaben zu verändern.

Du kannst dich und deine Verhaltensweisen jederzeit ändern, sofern du dies wirklich willst. Die Vorstellung, dass wir immer gleich bleiben, ist hinfällig.

Wir profitieren in gewisser Weise von der Neuroplastizität des Gehirns. Es passt sich den neuen Lebensumständen so an, dass wir uns selbst in einem Zustand von großen Schmerzen oder Ängsten ausgeglichen und glücklich fühlen können. Diese Möglichkeit der schnellen Veränderung und Anpassungsfähigkeit des Gehirns, können wir zu unseren Gunsten nutzen.

Merke: Man lernt nur außerhalb der Komfortzone dazu.

Alles, was du hier liest und lernst, dient dazu, dich freier, glücklicher und gesünder zu fühlen. Die Wissenschaft bestätigt, dass dies möglich ist.

Was hält dich jetzt noch davon ab?

Deine Veränderung, in jede Richtung, die du willst, ist möglich!

Die logische Schlussfolgerung: Dinge, die uns schwer fallen, sollten nicht vermieden, sondern im Gegenteil trainiert werden.

Wir haben uns auch selbst Ängste antrainiert. Obwohl wir genau wissen, dass die Gefahr nicht immer echt ist, produzieren wir Ängste und weil wir z.B. eine Spinnen-Attacke logischerweise überleben, gilt die Angst als erfolgreiche Strategie für das Gehirn.

Depressionen, Ängste und alle anderen Gefühle setzen sich z.B. über eingeübte Denkmuster im Gehirn fest. Alte Denkmuster zu löschen und aufzulösen ist sehr aufwendig, aber nicht unmöglich. Wenn du wirklich willst und konsequent dranbleibst, kannst du das evtl. sogar alleine schaffen. Besser ist allerdings, du holst dir Hilfe von außen. Gedankengänge können so umprogrammiert werden, dass du aus den gewohnten, alten und negativen Denkmustern wieder heraus kommst.
Neurowissenschaftliche Untersuchungen haben ergeben, dass wir Menschen sogar eine Vorwahrnehmungsgabe im Gehirn haben. Wir haben die Möglichkeit, diese Gabe abzurufen und können dies erlernen. Eine Möglichkeit dazu bietet die Meditation, also ziellose Vergegenwärtigung und absolute Aufmerksamkeit für den Augenblick, sowie das Neurofeedback. Das Neurofeedback lässt dich quasi mit dem Gehirn bei der Arbeit zusehen. Du kannst durch Neurofeedback innerhalb kürzester Zeit lernen, bewusst jene Areale zu aktivieren, die für die Wahrnehmung des vorbewussten Zeitraums zuständig sind. Einen Genie Status erreichst du allerdings nur mit endlosem Training.

Wir können Gier, Verlangen, und Sucht bewusst überwinden. Sex, Geld, Macht, Anerkennung, Zuwendung, Aufmerksamkeit, Bewunderung, eine Pause, ein Bier, Schokolade, oder eine Zigarette, wir wollen ständig irgendetwas. Aus dem Wunsch, die Dinge, die wir wollen zu bekommen kann sich mit der Zeit eine gesundheitsschädigende Sucht entwickeln. Wäre es nicht viel einfacher, mit dem Wollen aufzuhören und einfach mit dem glücklich zu sein, was wir haben?

Schopenhauer empfiehlt nicht etwas Bestimmtes, sondern vielmehr nichts erreichen zu wollen. Diesen oder einen ähnlichen Zustand zu erlangen, ist gar nicht so einfach. Denn das Gehirn ist immer auf der Suche nach Effekten. Wir werden nicht glücklicher, wenn wir unser Ziel erreichen und unser Verlangen stillen, sondern wenn wir aufhören etwas zu wollen.

Was lernen wir daraus?

Ich bin halt so, das glaubt dir kein Mensch mehr, außer vielleicht du selbst! Höre mit dem planlosen Wollen auf und konzentriere dich auf das, was du wirklich haben willst, den Rest einfach fallen lassen.

Ein endloses Training für Liebe, Lust, Freude und Zufriedenheit beginnt.

Angst

Angst ist nicht einfach da. Angst entsteht, wenn du dir eine Geschichte erzählst, die so schlimm, so traurig, so schrecklich ist, dass am Ende nur noch Angst bleibt. Das heißt, du erzählst dir eine Geschichte in Gedanken immer und immer wieder. Und zwar so gut, so realistisch, dass du am Ende Angst hast. Dann bist du auch überzeugt davon, dass es so ist. Überzeugt, dass die Geschichte, die

du dir in deinem Gehirn ausgemalt hast, wahr ist und du auf keinen Fall dies oder jenes tun kannst. Du fühlst dich nur noch vollkommen überfordert. Angst können wir meistens nur im Reich unserer Fantasie finden. Denke daran, unser Gefühl folgt dem Gedanken! Angst ist ein Oberbegriff für viele Gefühlsregungen, deren Gemeinsamkeit auf einer Verunsicherung des Gefühlslebens beruht. Angst lässt sich jedoch nicht grundsätzlich als unangenehme, negative Gefühlsregung festlegen. Wesentlich abhängig vom Grad der individuellen Risiko Erfahrung und der persönlichen Kompetenzeinschätzung, kann Angst auch als in hohem Maße lustvolle Erfahrung gesucht und erlebt werden. Die Kontrasterfahrung von aufregender Gefahrensituation und deren Bewältigung führt zu einer gewünschten Steigerung des Lebensgefühls.
In der Regel hat niemand gerne Angst. Daher versuchen wir meistens, die Situationen, die uns Angst machen, zu vermeiden. Wir sollten unsere Ängste jedoch willkommen heißen, denn sie ermöglichen es uns, die Dinge aus einer ganz anderen Perspektive neu zu betrachten. Mit dem Annehmen der Angst hört auch der innere Kampf auf: 'das dürfte nicht sein', 'das ist nicht gut', usw.

Wenn du von deiner Angst lernen möchtest, darfst du dir die Zeit nehmen, über sie nachzudenken, ganz klar hinzuschauen, was wirklich ist, um sie dann zu verstehen.

Das ist für viele eine Umstellung, denn gerade in den Momenten, in denen alles zusammenbricht, werden wir oft kopflos, hektisch und aufgewühlt. Wir versuchen alles Mögliche zu tun, um das Problem zu lösen und die Situation zu verbessern, anstatt uns die Zeit zu nehmen und aus den Geschehnissen etwas zu lernen.

Mit unseren Gedanken über alle möglichen Gefahren erschließen wir eine ergiebige Quelle des Unglücks. So können wir neue negative Gedanken quasi wie von selbst hervorzaubern. Mit übertriebener Angst und Sorge schaffen wir es auch, uns selbst das Leben zu vermiesen. Damit haben wir wiederum ausreichend Gründe, uns noch viel mehr Zeit zum Grübeln und Ausmalen von schrecklichen Szenarien zu nehmen. So geraten wir in einen Teufelskreis, aus dem es scheinbar kein Entkommen gibt.

Jedoch egal wie tief diese destruktiven Verhaltensmuster in dir gespeichert sind, es gibt immer eine Möglichkeit, dich von ihnen zu befreien.

Wir müssen auch verstehen, dass wir der Angst nie ganz entkommen können. Das Leben ist nun mal so, wie es ist. Dinge fallen auseinander und sie kommen wieder zusammen. Auch Angst kommt und geht, wie jedes andere Gefühl auch. Hast du schon bemerkt, dass negative Gefühle, besonders die Angst, ganz leicht zu halten sind, im Gegensatz zu Freude und Glück?

Angst können wir als notwendige Herausforderung akzeptieren. Ängste sind ein natürlicher und unausweichlicher Teil unseres Lebens. Angst sollte eine gesunde Reaktion auf eine bedrohliche Situation sein.

Vertraue also und lass deine unnötigen Sorgen sein. Wir wissen vor dem Ende nie, was am Ende gut oder schlecht für uns ist, daher sollten wir diesen Prozess einfach nur beobachten.

Übrigens besagt ein Sprichwort:

Wenn es noch nicht gut ist, ist es noch nicht das Ende.

Angst gehört zur menschlichen Natur. Sie entsteht durch widersprüchliche Grundbedürfnisse des Menschen, die unser Leben definieren. Ängste haben allerdings auch positive Eigenschaften. So wirkt Angst auch als Schutzmechanismus bei Gefahren. Angst bringt auch ständige Herausforderungen mit sich, die unseren Fortschritt und unsere Entwicklung fördern. In unbekannten Situationen entwickeln wir Angst und wenn wir diese Angst überwinden, ermöglichen wir uns neue Erfahrungen, die unser Leben bereichern. Wir stoßen sehr oft auf Unbekanntes, deswegen begleitet uns die Angst unser ganzes Leben.

Es hilft, angstauslösende Verhaltensmuster, Gedanken und Gefühle aufzudecken, und auf den Prüfstand zu stellen. Durch gezielte Übungen lassen sich solche problematischen Vorstellungen verändern.

Leben und lieben bedeutet nicht, dass du dich verbessern sollst. Du kannst deine Vorstellungen und Ideale einfach mal beiseite lassen und dein natürliches Selbst akzeptieren, so wie es wirklich ist.

Es ist nie zu spät in deinen eigenen Kopf zu sehen und dir zu erlauben, von deinen eigenen Gedanken Abstand zu nehmen. Angst heißt, du suchst dir das Schlimmste aus der Zukunft heraus. Du erzählst dir nochmals die schlimmsten Dinge aus der Vergangenheit und wenn du diese vergangenen Sachen ständig wiederholst, dann konditionierst du dich selbst auf Hoffnungslosigkeit, Ohnmacht und Verzweiflung.

Denn die eigenen Gedanken sind es, die uns zutiefst verängstigen. Enorm wichtig ist dabei, dass du dich und deine Gedanken nicht verurteilst. Immer wieder in den aktuellen Moment zurückkommen, anstatt im Gedankenkarussell hängen zu bleiben. Entspanne dich in der Situation, so wie sie ist und sei gut zu dir selbst. Angst heißt, du suchst dir das Schlimmste aus der Zukunft heraus. Du erzählst dir nochmals die schlimmsten Dinge aus der Vergangenheit und wenn du diese vergangenen Dinge ständig wiederholst, dann konditionierst du dich selbst auf Hoffnungslosigkeit, Ohnmacht und Verzweiflung.

Auf jeden Fall ist es sinnvoll, eine Entspannungsmethode zu erlernen. Entspannung und Angst sind zwei Zustände, die einander ausschließen.
Wer eine entsprechende Technik beherrscht, gut beherrscht, kann damit sogar Panikattacken in den Griff bekommen. Hier gilt auch üben, üben, üben.

Depressionen und Angst sind im Grunde nichts anderes als Teufelskreise. Eine oder mehrere ungünstige Verknüpfungen im Gehirn und diese werden durch Wiederholung zur Standardeinstellung im Denken. Je stärker und älter die Gewohnheit ist, desto schwerer wird es, den Kreis zu durchbrechen und anders zu
denken und zu handeln. Angst und all die ungesunden Gefühle haben ein einschneidendes Erlebnis als Grundlage, auf dass wir ungesund reagiert haben, z.B. mit Selbstvorwürfen, Selbstzweifeln

und Pessimismus. Wenn wir unsere Denkmuster nicht bewusst reflektieren, prägen Sie sich tief ins Bewusstsein ein. Da unser Geist seine eigene Wahrnehmung schmiedet, werden die Gedanken zur Realität. Wir vergessen, dass auf jeden Regen irgendwann Sonnenschein folgt.

Bald glauben wir dann, dass auch die Zukunft nur Schlechtes für uns bereithält hält.

Wie wäre es mal damit:

In diesem Moment entscheide ich mich dafür, mein Energiefeld mit Positivität, mit Liebe, mit Licht, mit Erfolg, mit Stärke, mit Weisheit, mit Gesundheit, mit Schönheit, mit Güte und mit Freude zu füllen.

Angst vor Ablehnung

Wenn du in eine Situation kommst, wo dir irgendetwas nicht gefällt und du traust dich nicht es anzusprechen, auszusprechen, was du lieber anders haben möchtest. Was geschieht dann für ein innerer Dialog in dir?

Wie bringe ich das jetzt rüber? Ich möchte gern mitteilen, dass ich mich damit nicht wohl fühle. Und dann kommt dieser Moment, wo du Angst bekommst, dass eine Reaktion zurückkommt. Ich weiß nicht, wie ich es sagen soll. Sage ich es besser so oder so? Die Angst wird immer größer und steigert sich so weit, dass sie oder er ausrasten wird. Es geht weiter: "Ich weiß nicht, wie ich dir das sagen soll, ich habe Angst, dass eine Reaktion zurückkommt, die so unangenehm für mich ist, dass ich die nicht fühlen will."

Angst vor Ablehnung hat immer etwas damit zu tun, dass wir glauben, etwas ganz Bestimmtes, das ein anderer ausdrückt, für uns nicht auszuhalten ist. Wir glauben, dass vielleicht eine Lawine von verbaler Gewalt kommt, vielleicht sogar auch körperliche Gewalt. Eine gewaltige Überforderung - im wahrsten Sinne des Wortes - und wir sind nicht in der Lage, darauf eine stimmige Antwort zu finden stimmt's?
Angst vor Ablehnung hat auch immer etwas damit zu tun, dass wir uns selbst nicht trauen und glauben, wir können mit einer bestimmten Situation nicht umgehen. Insofern ist Angst vor Ablehnung eigentlich nur, dass du glaubst, etwas ganz Bestimmtes nicht zu können. Dies hat mit dem anderen erstmal gar nichts zu tun. Angst vor Ablehnung bedeutet eigentlich, dass du zu dir selbst nicht genug Zutrauen hast und dich fürchtest auszusprechen, was dir gut tut und am Herzen liegt.

Dahinter steht Angst vor Ablehnung. Angst ist in Wahrheit immer ein Zeichen dafür, dass wir uns und dem Leben nicht genug vertrauen. Dass wir uns selbst nicht genug annehmen und uns selbst nicht glauben, dass wir kompetent sind, letztlich mit allem umgehen zu können. Die mangelnde Überzeugung, dass wir dazu in der Lage sind, alles zu fühlen. Du kannst alles fühlen, denn Emotionen und Gefühle sind Vergangenheit. Sie sind alle aus der Vergangenheit. Was dich nicht umgebracht hat.
Du hast diese Gefühle alle schon einmal überlebt. Sie sind in dir, immer, ob es dir bewusst ist oder nicht. Sie sind in dir!

Angst davor, dass die gesamten Gefühlsreaktionen wieder losgehen. Nimm es an, wie es ist. Lerne damit umzugehen, denn kein Gefühl bleibt für immer. Die Gefühle kommen und gehen. Egal wie sehr unangenehm sich das im Körper anfühlt. Du merkst die ganzen Reaktionen und du weißt, du gehst darin nicht unter.
Registriere wie es dir damit geht, bleibe einfach im Gewahrsein und rede dir gut zu. Sage dir selbst: okay, wir finden hier eine Lösung, die mir und dir entspricht. Wo immer ein Problem ist, geht irgendwo eine Tür auf und die Lösung kommt zum Vorschein.

Gut ist, wenn es dir gelingt, in solchen Situationen nicht die Befürchtung zu haben, emotional unterzugehen, sondern Zutrauen zu haben, egal was da passiert. Zutrauen, ich bin in der Lage, alles zu fühlen und das Zutrauen zu haben, dass eine neue Lösung immer irgendwo möglich ist. Wenn du in dieser Situation von diesen beiden Dingen wirklich überzeugt bist, dann erledigt sich jede Angst vor Ablehnung. Die Angst verschwindet und im Rückblick kannst du erkennen, dass sie nie nötig war. Auch wenn du wer weiß wie viel Jahre unter dieser Angst gelitten hast.

Denke bitte daran, der Gedanke den du gerade denkst, wird im gleichen Moment, buchstäblich zur Erfahrung im Geist (z.B. ich werde abgelehnt). Das Gehirn erfasst den Gedanken als Erfahrung. Das Gehirn fängt quasi diesen Gedanken ein und verdrahtet sich neu, denn die Erfahrung ist so real wie eine echte Erfahrung. Der Bildschirm deiner Innenwelt wird realer als die Außenwelt und genau in diesem Zustand sind wir schöpferisch tätig und kreieren. Aber anstatt dich auf deine Probleme zu konzentrieren und darüber nachzudenken, wodurch du die damit zusammenhängenden Gefühle bestärkst, fokussiere dich lieber auf die Möglichkeiten und die Qualitäten, die du wirklich leben willst.

Bist du gut angepasst?

Wenn du jemand bist, der versucht, sich anzupassen, der versucht das Richtige zu sagen, sich richtig zu kleiden, sich richtig zu verhalten, um akzeptiert und geliebt zu werden, dann meine Frage an dich: wie gut funktioniert das? Erfährst du die Anerkennung die du willst?

Meine Beobachtung ist, dass die Menschen, je mehr sie versuchen Anerkennung zu erhalten, erbetteln, erbitten, sich verrenken, verzerren, anpassen, niemals von anderen mit deren Anerkennung befriedigt werden können. Das Gefühl der Anerkennung kannst du nur in dir selbst finden. Mal ehrlich, wie befriedigend ist denn dieses Schulterklopfen, dass du dann vielleicht erhältst, wenn du deiner Meinung nach alles perfekt gemacht hast?

Egal wie angepasst du bist, wie sehr du nach den Regeln der anderen spielst, wie sehr du auch versuchst das Richtige zu tun, umso anstrengender wird dein Leben und die Freude daran bricht komplett weg.

Es gibt einfach niemanden, der dir das geben könnte, nach dem du dich sehnst!

Was ist das eigentlich für ein Egotrip zu erwarten, dass alle dich lieben und anerkennen? Warum eigentlich?

Wichtig ist nur, dass du selbst mit dir im Frieden bist. Dass du deine Werte erstmal klar fühlst und siehst und dein Leben danach ausrichtest. Deine inneren Werte und Ideale zu leben. Denn wenn du das tust, dann spielt alles andere keine Rolle für den Erfolg und das Glück in deinem Leben. Du bemerkst, dass es komplett unerheblich ist, ob du von irgendeinem Menschen Liebe oder Unterstützung erfährst, ob du von anderen Anerkennung oder nicht erhältst. Das ist eine sehr wichtige Erkenntnis. Je mehr du dich frei machst davon und nicht mehr schaust, was wollen die anderen, was muss ich tun damit die anderen mich lieb haben, um so leichter und glücklicher wird dein Leben.

Wende deine Blickrichtung nach innen. Schau was muss ich tun, wie muss ich mein Leben verändern, damit ich mich lieben kann. Damit kommst du in Übereinstimmung mit dem, was wichtig und richtig für dich ist. Je mehr du die Aufmerksamkeit von außen nach innen richtest und authentisch und aufrichtig dein Leben führst, desto mehr Anerkennung wird auf einmal von außen auf dich zukommen. Die Menschen spüren das, sehen und fühlen, dass du authentisch bist in dem, was du tust.

Es ist zwar nicht ganz so leicht, wenn es um die Familie oder Freunde geht. Doch höre auf Anerkennung hinterher zu hecheln.
Eine ganz wichtige Erkenntnis ist auch, einfach zu akzeptieren, dass Menschen, die dich nicht akzeptieren, dies tun können.
Das ist sehr wichtig, denn es sagt auch immer mehr über die andere Person aus, als über dich, wenn jemand dich kritisiert.

Es ist viel zu denken, dass jeder dein Leben, deine Träume, deine Werte gut finden muss und dass alle Menschen sich am besten immer super gut finden müssen. Die Menschen müssen auch ein Recht haben auf andere Meinungen. Meinungen, die mit deiner nicht übereinstimmen. Sie müssen es anders sehen und denken dürfen, auch in einer Partnerschaft.
Die Menschen, die authentisch ihren eigenen Wertvorstellungen entsprechen, ihr Leben leben, das sind doch die Menschen, die strahlen, die leuchten, die im Frieden sind. Genau diese verplempern keine Energie in Täuschen und Hecheln, während sie nach Anerkennung suchen. Sie suchen nicht mehr, weil sie wirklich auf ihr eigenes inneres Wertesystem hören und damit in Einklang sind.

Wenn du also deine Gefühle liebevoll akzeptierst und wertfrei annimmst, deine Werte lebst, mit dem verbiegen aufhörst, dann wirst du umso mehr Unterstützung und Anerkennung in deinem Leben erfahren und lustigerweise wird dies auch plötzlich unwichtig.

Wir wünschen uns alle ein menschenwürdiges Leben voller Selbstverantwortung, Selbstbestimmung, Frieden und Freiheit. Wir sind uns oft selbst nicht im Klaren, warum dieses oder jenes in unserem Leben geschah oder geschieht.

Du hast dich vielleicht schon oft gefragt: "Warum?" - wenn du in schwierige Zustände gerätst, an den falschen Partner, die falschen Eltern. Da konnte ich wirklich gar nichts dafür, es gibt halt gute Menschen und böse Menschen.

Die heutige Zeit ist halt nicht mehr so gut wie früher. Ja, früher war alles besser. Das ist, wie du sicherlich weißt, das größte Märchen aller Zeiten. In diesem System kann nicht jeder, wie er will und bei diesen Politikern kann man doch nur verzweifeln. Wenn meine Eltern mich endlich in Ruhe lassen würden. Du hast da ein Problem mit deinem Kind, der hohe Blutdruck, die Krankheit, die Depression, der Burnout. Ich habe keine Wahl. Andere waren oder sind schuld an meinem heutigen Schicksal, ich war das Opfer der Umstände oder der Menschen, der anderen, der Verursacher, des Schuldigen. Ich habe oder hatte keine Macht, denn die Macht liegt bei anderen. So denkt es in den meisten Köpfen von Menschen, die nicht glücklich sind.

Habe bitte den Mut, deine bisherigen Gedanken zu allem unangenehmen Stress, leidvollen und negativen Zuständen und Ereignissen in deinem Leben neugierig und neu anzuschauen und systematisch zu untersuchen. Und habe den Mut, deine Gedanken und dein gesamtes Weltbild in Frage zu stellen und dich für eine andere Wahrheit zu öffnen, als die, an die du bisher geglaubt hast. Sieh ein, dass dich dies alles nicht weit gebracht hat, sonst wäre es anders. In jeder Erinnerung steckt immer eine Menge von unwahren Gedanken, denen zu glauben zwangsweise zu einer Menge Leidenszuständen führt.

Eifersüchtig, ängstlich, neidisch, gierig, wütend, trotzig, rachsüchtig, nachtragend, egoistisch, stolz, arrogant, angeberisch, erfolglos, schwach, klein, eitel, zu dick, zu dünn, zu wählerisch, was durftest du alles nicht sein?
Ein Kind reagiert innerlich auf die Verbote und Kritik der Eltern fast immer mit einem eigenen Verbot. Es sagt sich, ich will nicht faul sein, ich will nicht unordentlich sein, denn dann entzieht mir Mutter oder Vater ihre/seine Liebe und Aufmerksamkeit. Je garstiger die Eltern eine Eigenschaft brandmarken und verurteilen, desto stärker versucht das Kind diese Eigenschaften an sich selbst abzulehnen. Das hat Folgen für das Leben, für das Verhalten und für die spätere Umgebung, womöglich bis ins hohe Alter.

In der Kindheit treffen wir so manch einen Schwur, der bis heute Folgen in unserem Leben hat. Fast alle Mädchen werden heute noch wegen ihrer Wildheit, Frechheit und ihrer Wut von ihren Eltern abgelehnt. Dies geschieht emotional im Stillen, sodass ein Außenstehender dies kaum bemerkt. Welche Mutter sagt z.B. 'oh schau, welch wunderbare Kraft in meiner Tochter ist', wenn die Kleine wütend ist. Nein, da heißt es, du bist ein Mädchen und musst brav sein.

Überlege einmal, wenn du eine Frau kraftvoll auftreten siehst, was dir da für Gedanken über diese Frau kommen? Ist die arrogant, ist die stolz, das kann man doch nicht machen, die könnte sich auch etwas anders benehmen, die könnte weiblicher auftreten und und und.......

Mütter und Väter wollen brave, schöne, kleine Mädchen. Darum sagen sich diese Mädchen: 'ich muss brav sein', 'ich darf nicht wütend sein', 'zumindest darf ich keine Wut zeigen, sonst werde ich abgelehnt und das tut weh'. 30 Jahre später denkt es diesen Gedanken nach wie vor in der Frau: 'ich muss brav sein, sonst werde ich abgelehnt'. Nur leider ist es so tief in den Hintergrund getreten, dass wir keine Chance haben, das zu bemerken. Das ist sehr oft der größte Schwachpunkt in einer Frau. Denn diese Frau traut sich nicht zu sagen, was sie denkt und fühlt, denn sie könnte ja abgelehnt werden.

Die Geschichte geht jedoch weiter. Jetzt wird diese brave Tochter auch Mutter. Diese Mutter kann nichts anderes an ihre Tochter weitergeben, weil im Unbewussten tief drinnen steckt: 'du musst brav sein', 'jeder muss brav sein, um im Leben zu bestehen'. Solange die Mutter diesen unbewussten Glaubenssatz nicht im Bewusstsein bemerkt, kann sich in dieser Schlaufe nichts ändern. Angenommen diese Mutter hat auch einen Sohn geboren, da sieht die Sache mit der ungelebten Wut ganz gegenteilig aus. Dieser Sohn zeigt jetzt noch heftigere, stärkere Impulse, als die Frau damals als kleines Kind. Die Mutter kommt mit ihrem wütenden und aufsässigen Sohn kaum noch zurecht. Die Ursache: dieser Sohn lebt genau die Wut aus, die die Mutter Zeit ihres Lebens verdrängt und nicht gelebt hat. Übrigens, bei den Vätern funktioniert das ganz genauso.

Alle Eltern haben Schuldgefühle wie z.B., 'ich hätte es besser machen müssen'. Die meisten Kinder haben Schuldgefühle, 'ich hätte besser zu meinen Eltern sein müssen'. Das ist in uns drin, das ist menschlich. Schuldgefühle zu haben ist kein Unglück, nur sie zu verdrängen führt zu Leid. Ich hätte eine bessere Mutter sein müssen, das denken alle Mütter. Irrtum, du warst und bist die beste Mutter, die du sein kannst. Du hast es immer so gut gemacht, wie du gerade konntest.

Bitte spür mal einmal hinein, ob du das denken kannst? Falls du Mutter bist, sage dir die nächsten Tage öfter mal: 'ich bin die beste

Mutter, die ich sein kann‘. Sage das so oft, bist du dies auch glauben kannst. Natürlich würdest du heute die Kinder anders erziehen als damals. Heute bist du auf einem ganz anderen Kenntnisstand als damals. Gratuliere dir, dass du das beste Ergebnis geholt hast für deine Kinder, das du holen konntest.

Egal welche Gefühle du nicht haben willst, den Kummer oder den Frust darüber, dass man dies unbedingt nicht haben will, das Verurteilen in dir selbst, den Schmerz des Kampfes dagegen, des Unterdrückens, des nicht da sein dürfen. Der Schmerz der eigenen Verurteilung ist viel größer als der Schmerz, des jeweiligen Gefühls.

Es ist so sehr wichtig dich aus dem Strudel der negativen Gedanken und Emotionen zu befreien.

Ist denken gleichbedeutend wie Wahrheit?

Einer meiner größten Momente in meinem Leben war zu entdecken, dass denken nicht unbedingt bedeutet, dass das Gedachte der Wahrheit entspricht. Von da an glaubte ich nicht mehr alles, was es denkt. Und als mir klar wurde, dass ich die Wahl habe, den Gedanken Macht zu verleihen oder nicht, da konnte ich sie auf einmal beobachten und verändern.

Bei dem Verändern der Gedanken kam noch öfter mal meine Kleinheit wieder zum Vorschein. Ich kann doch nicht denken, dass ich gut bin, wenn meine Gefühle mir das Gegenteil beweisen.

Wenn du deine Gedanken beobachtest, bist du nicht mehr im automatisierten Programm. Das schlägt Wellen. Du kannst dann wirklich entscheiden, was es denkt. Das einzig Schwierige daran ist dann nur noch: jetzt solltest du wirklich gut über dich denken.

Du bist das Bewusstsein, dass das automatisierte Denken beobachten kann. Du trennst dich sozusagen von dem automatisierten Seinszustand ab. Damit hast du die Wahl, was es denken darf in dir.

Das Wichtigste, das dir geschehen kann in diesem Leben ist, dass du durch diese Veränderung im Leben hindurch gehst, sodass du nicht mehr auf Gedeih und Verderb der Konditionierung deines Verstandes ausgeliefert bist, der schon während der ganzen Kindheit natürlich konditioniert wurde durch viele, viele Einflüsse.

Anstatt nun der Konditionierung des Verstandes ausgeliefert zu sein, denn da besteht ja keine Freiheit, hast du plötzlich die Möglichkeit, die Konditionierung des Verstandes zu transzendieren und tatsächlich frei zu werden. Befreit sein, befreit wovon? Befreit letztlich von deinem eigenen Verstand und dann bist du in der Lage deinen Verstand und deine Denkfähigkeit zu nutzen, auf eine viel effektivere Art und Weise. Dann wirst du nicht mehr von deinem Verstand benutzt, sondern du nutzt deinen Verstand.

Das ist ein ganz bedeutender Unterschied. Wenn du nämlich mit dem ständigen Gedankenstrom identifiziert bist, dann denkst du letztlich nicht, dass dir das Denken geschieht. Du weißt das ja gar nicht. Du identifizierst dich damit. Du denkst, dass du denkst, aber es ist ein konditionierter Verstand in dir, der denkt. Und du gibst ihm ein Selbstgefühl, doch da ist ja kein Selbst im Verstand, wie Buddha es schon vor langer Zeit gesagt hat.
Wenn du dich selbst als Schöpfer deiner eigenen Wahrnehmung begreifst, kannst du anfangen, sie selbst zu gestalten. Du kannst z.B. lernen, Kritik nicht als Affront oder Angriff zu begreifen, sondern als Ausdruck des Respekts vor deiner Arbeit. Mit vielen Übungen kannst du komplette Körperfunktionen steuern. Es gibt buddhistische Mönche, die durch Meditation sogar ihren Herzschlag und ihre

Körpertemperatur regulieren können. Was dem Geist gut tut, tut auch dem Körper gut. Und umgekehrt.

Deine Bewusstheit kann deine Selbstheilungskräfte aktivieren und viele körperlichen Krankheiten lindern. Der Geist, gute Gedanken werden dann deinen Körper und seine Genesung unterstützen. Doch nicht nur das, im Grunde ist jede Heilung eine Form von Selbstheilung. Ärzte und Medikamente können immer nur stärken, was ohnehin an Abwehrkräften da ist. Die Entdeckung der Neuroplastizität zeigt allerdings, dass wir die körpereigenen Heilungsprozesse nicht durch negative geistige Gewohnheiten sabotieren dürfen. Im Gegenteil, wir müssen die Selbst-heilungskräfte stärken, indem wir an sie glauben und dem Immunsystem vertrauen.
Mit etwas Übung kannst du sogar deinen ganz eigenen Placebo-Effekt erschaffen. Placebo, ist das Prinzip, dass ein Patient nicht weiß, dass er eine Arznei Attrappe verabreicht bekommt. Sein Glaube an die Wirkung des Medikaments allein verursacht die Heilung.

Mach dir klar, welche gewaltige Wirkung dein Geist auf dein Gehirn und deinen Körper hat, dann kannst du dieses Bewusstsein nutzen, um bestimmte Heilungsprozesse aktiv zu steuern. Mit Achtsamkeit gibst du deinem Körper was er möchte, was er braucht. Lerne, ihm wirklich zuzuhören.

Denke an die Tatsache, dass ein Gehirn nur leisten kann, wozu es sich selbst fähig fühlt. Erinnere dich: Freude, Zuversicht und Selbstvertrauen sind Voraussetzung für Kreativität und Erfolg. Achtsamkeit hilft dir auszusteigen, aus der biederen Bequemlichkeit. Das Gegenstück zum Kleingeist heißt, achtsam zu leben, heißt, jeder Veränderung, jeder Idee und jeder neuen Sicht auf die Welt gegenüber offen und optimistisch zu sein, sich ernsthaft dafür zu interessieren, sich zu bemühen und wirklich etwas zu tun.

Dein Gehirn ist dein Leben lang lern- und anpassungsfähig. Die Kraft der Veränderung und Selbstheilung liegt in der Fähigkeit deines Geistes deine Wahrnehmung der Welt selbst zu bestimmen.

Verlasse die selbst erschaffene Hölle:

Werde Dir Selbst bewusst.

Links & Ressourcen

Kennst du auch die Situationen, dass du vor lauter Ärger, Angst und Wut nicht mehr weißt, was du als Nächstes tun sollst? Was du sagen sollst? Du fühlst dich vollkommen kraftlos und ausgeliefert, vollkommen demotiviert, hilflos und vielleicht auch niedergeschlagen? Du weißt nicht mehr, wie es weitergehen soll? Du fühlst dich vollkommen demotiviert, neue Ziele anzugehen, denn dir fehlt die Motivation für vieles im Leben? Du zweifelst mittlerweile sogar schon an dir selbst? Mittlerweile gestaltet sich dein Leben rein nur noch aus Frust? Alles ist irgendwie negativ, alles ist schlecht?

Du möchtest hingegen gerne dein Lebensprojekt realisieren, wieder voller Selbstbewusstsein sowie kraftvoll und begeistert durch den Tag gehen? Voller Begeisterung das Leben genießen, deine innere Freiheit und Sicherheit spüren und Freude und Spaß am Leben haben, sodass du dich selbst auch wieder magst?

Dann tu jetzt den ersten Schritt und melde dich jetzt hier an, um einfach wieder in deine Schaffenskraft zu kommen, damit du das umsetzt und realisierst, was du erreichen willst. Mach die 30 Tages Challenge “Angst, Wut, Hass in einer neuen Dimension auflösen” unbedingt mit.

Für jeden einzelnen Tag gibt es einen Tipp, wie du ganz praktisch dein Leben zum Positiven verbessern kannst.

Klicke einfach hier: Kostenloser Zugang für 4 Lektionen

Hier ein Dankesschreiben von einer Kundin:

*"Dieses Programm von Margarete steckt so voller Liebe, Leidenschaft und großartiger Leichtigkeit!! Und die Wirkung wiederum ist sooooo dermaßen groß und von immenser Tragweite, wenn man bewusst mitmacht! Liebe Margarete, ich danke dir, dass du dein Wissen, deine Fähigkeiten und deine Liebe auf diese Weise in die Welt trägst! ich selbst hab soooo viel lernen dürfen, meine Gefühlswelt ist eine andere geworden: von Angst, Wut, Hass hin zu Liebe und Vertrauen! **Früher habe ich die Angst als selbstverständlich hingenommen, mich ihr ergeben und aufgegeben. ich war inaktiv, depressiv und voller Kampf ... ich kannte es nicht anders!** Heute weiß ich, dass auf der anderen Seite der Angst Freude und Glückseeligkeit warten! Warum darf ich das jetzt spüren und erleben? Weil ich dir begegnet bin ... eher zufällig (heute weiß ich es gibt keine Zufälle) habe ich den Weg zu dir gefunden und ein sooooooo schönes Geschenk bekommen: ich habe mein L(i)eben zurück!!!! Danke dir du Liebe und bitte lass noch ganz viele Menschen in den Genuss kommen mit dir zu arbeiten und von dir zu lernen!! ICH LIEBE DICH und wäre ich doch nur schon früher auf dich gekommen! M.S."*

Klicke einfach hier: Kostenloser Zugang für 4 Lektionen

Noch 'ne tolle Idee:

Jeder, der mich kennt, weiß, was meine tiefste Herzenserfüllung ist: LIEBE!! Es gibt Leute, die sagen, ich sei der Inbegriff von LIEBE und bin auf dieser Welt um sie zu verbreiten .... ist mir vielleicht zu dick aufgetragen, aber in der Tat - LIEBE hilft immer!! Sie trägt uns durch's Leben, heilt, verzaubert uns, lässt uns glücklich sein. LIEBE ist das Gegenteil von Angst, Wut, Neid, Eifersucht. Unendlich einsetzbar und teilbar ....

Hm, wie kann man tatsächlich LIEBE noch leichter teilen? Damit sie sich noch weiter ausbreiten kann? Diese Fragen habe ich mir gestellt! Und dazu ist mir etwas Tolles eingefallen. Etwas, mit dem wir die Welt ein wenig verschönern und uns mit unserer ganzen LIEBE unkompliziert zeigen können!

Lies mal diese Worte und schau, was das mit dir macht:

Lieben macht glücklich
Lieben hilft immer
Frieden ist immer möglich
Love is Life
Leben ist Liebe

Mein Plan: Trage diese Worte mit einem T-Shirt in die Welt!!

Was ist die Idee dahinter? Ein ganz einfaches und doch selten praktiziertes Prinzip: Zeige deine Liebe und du wirst sehen, wie glücklich das macht!!! Du berührst dein Gegenüber mit einer schönen Botschaft und zauberst ihr ein Lächeln ins Gesicht. Das Lächeln wiederum kommt bei dir an und du lächelst zurück! Zack und schon liegt LIEBE in der Luft :-) Wie großartig ist das denn?!
Oder noch ein Beispiel: Du ziehst dich an, wirfst einen Blick in den Spiegel und liest: LIEBEN MACHT GLÜCKLICH! Na was geschieht? Gute Laune oder schlechte Laune?! Kommst du dann nicht automatisch in deine LIEBE?!

.... auf diese Weise können wir alle gemeinsam gaaaaanz viel LIEBE verbreiten und schenken!

Eine sooo schöne Vorstellung - wer ist dabei?!

Ich freu mich riesig über alle, die dabei sind!

Hier ein Link zum Anschauen:

Wir verschönern die Welt T-Shirts

ZEIG DICH MIT DEINER LIEBE!!!!!

Und wenn du hier klickst kannst du einen Termin bei Margarete buchen

Klicke hier, wenn du Margarete auf Facebook folgen willst

mit diesem Link kommst du auf die Webseite von Margarete

Über den Autor

Der Einfachheit halber hier ein gekürzter Ausschnitt aus der Presse:

Unglaublich: Das Leben der Margarete May

Um verstehen zu können, wie tiefgreifend die Veränderungen sind, die Margarete bis heute in ihrem eigenen Leben und dem Leben anderer Menschen schon vollzogen und bewegt hat, schauen wir zuerst einmal zurück. Margarete‘s Leben, die schwere Zeit, war geprägt von Missbrauch, Leiden und Verlust…Depressionen gehörten zu ihrem Leben, auch wenn es damals noch keine Diagnose, geschweige denn eine Behandlung für sie gab.

Am Tiefpunkt ihres Lebens angekommen, hat sie versucht sich dasselbe zu nehmen und ist damit, zum Riesenglück für sie selbst und uns alle, gescheitert.

Bestätigung und Anerkennung fand Margarete erstmals in ihrem Job als Bankkauffrau. Auch fand sie einen Mann, den sie liebte und heiratete und sie wurde Mutter eines Sohnes und fand das Mutterglück. In dieser Zeit machte sie die Ausbildung zur Heilpraktikerin, konnte damit so vielen Menschen helfen, doch ihr eigenes Glück, ihren Frieden hatte sie bis dahin noch nicht gefunden.

Nach den folgenden bewegten Jahren mit viel auf und ab folgte der vorläufige letzte Akt: Ihr körperlicher Zusammenbruch, 3 Wochen Krankenhaus, Burnout. Als zusätzliche Diagnose wurden schwere Depressionen festgestellt. Margarete May konnte nicht mehr gehen, jeder Schritt verursachte riesengroße Schmerzen.

Die Folge, nach 2 Jahren Krankheit, war Hartz IV.

Mittlerweile war sie 61 und eine Befreiung aus dieser Misere nicht möglich. So schien es. Viele Menschen hätten aufgegeben. Nicht so Margarete May! Margarete überlegte und suchte nach einer Möglichkeit, von zu Hause aus zu arbeiten. Daher kam sie auf‘s Online Coaching. Und sie begegnete verschiedenen Mentoren, die ihr sehr halfen.

Allen voran Jakob Hager. Der Internet Marketer war es, bei dem Margarete May die nötigen Technik Kenntnisse gelernt und auch umgesetzt hat.

Heute ist Margarete selber Coach und ihre Themen sind die „Selbstliebe" und der damit verbundene „maximale Erfolg".

Hier ist auf Amazon auch ihr erstes Ebook entstanden: Selbstliebe garantiert maximalen Erfolg

Margarete May gibt nun selbst eigene Coachings und hat eine Riesen Anhängerschaft.

Wer ihren Lebensweg kennt weiß, wie entbehrungsreich dieser war.

Aber nach all der Aufregung hat sie es geschafft. Dank einiger Mentoren und viel Selbstliebe.

Das sagt der bekannte Internet Marketer Jakob Hager über Margarete May:

"Auch mich hat ihre Geschichte begeistert. Sie hat mir gezeigt, dass man nie aufgeben darf. Margarete ist damit zu meinem persönlichen Motivator geworden. Wenn ich (wie jeder andere auch) mich mal schlecht fühle, dann denke ich an sie und merke, dass meine Probleme klein und bedeutungslos sind im Vergleich zu den Hindernissen, die Margarete überwunden hat. Das gibt mir die Perspektive, immer das Positive im Leben zu sehen und auch in meinen Unternehmen richtig Gas zu geben.“

Ein anderer, ebenso bekannter Online Coach, Raho Bornhorst, weiß ähnliches über Margarete May zu erzählen: “Margarete May ist eine ganz besondere Person. Sie hatte kein leichtes Leben, aber darüber will ich nicht viel reden. Was an Margarete so besonders ist: Sie lernt in Liebe, was zu lernen ist, um zu erreichen, was sie erreichen kann. Das macht sie sehr besonders.

Margarete wusste bereits, dass jeder Mensch etwas in sich trägt, was ihn besonders macht und dass Liebe die stärkste Macht der Welt ist und Heilung bewirkt. Da war jedoch noch Angst in ihr, tief in diese Macht einzutauchen und sie für sich selbst zu nutzen. Mit dieser Liebe nach draußen zu gehen – sich zu zeigen. Im ersten Seminar bei mir hat sie sich gezeigt und ihre Selbstliebe in den Raum gestellt!

Sie überwand ihre lebenslange Scham, traute sich (Margarete wollte nie vor der Kamera sichtbar sein) und sie ging live auf Facebook, der Plattform, die sie gerade für sich entdeckte.

Allen Stimmen in ihr, die riefen: ‘Das kannst du doch nicht machen! Was denken die Leute! Du bist zu alt, zu fett, zu hässlich, zu dies, zu das, zu jenes …‘ gebot sie Einhalt … und machte es einfach! Das führte dann zu ihrem ersten großen Durchbruch. Der Erfolg ihres ersten Videos dauert bis heute an und alles, was bis heute folgt, ist zum einen unfassbar und zum anderen einfach nur logisch. Denn die Tiefe der Liebe in Margarete war ihr Motor, immer schon und gleichzeitig auch ihr bestgehütetes Geheimnis.

In dem Moment, als sie also genau das tat, was ihr Herz wollte, auf die innere Stimme hörte, unterschied, was Gedankengelaber ist und was aus dem Herzen kommt, womit sie heute ihren Kunden hilft, hat sie damit alles verändert.

Und Margarete legte los, so richtig.

Und so begann das neue Leben, die leichte Zeit, der Margarete May.

Sie hat ihrer Liebe erlaubt, all ihr Denken und Handeln zu führen und zu steuern. Die Folge davon war das Überwinden all ihrer Hindernisse. Margarete hat dann ihre Liebe aus sich heraus wirken lassen – und ist damit zum strahlenden, leuchtenden Vorbild für alle geworden, die dem eigenen Sein den richtigen Ausdruck im Leben zu finden erlauben.

Um Glück, Erfolg und Liebe in die Welt zu tragen, hat Margarete gelernt, bis in die tiefsten Wurzeln ihrer Seele hinab der Liebe zu folgen und sich in ihrer Selbstliebe auszudehnen. Sie hat sogar ein Buch veröffentlicht "Selbstliebe garantiert maximalen Erfolg", erhältlich bei Amazon. Dies ist ein weiterer großer Schritt, mit dem sie zeigt, wie man auf Basis von Liebe und Klarheit etwas in die Welt bringen, ein Online Business erschaffen und vielen anderen Menschen helfen kann.

Alles was sie heute macht und das ist eine Menge, tut sie im Bewusstsein der Liebe zu sich selbst und darum gibt's für die 'Rakete-Margarete', wie viele ihrer Fans und Follower sie liebevoll nennen und ihren Erfolg im Leben, auch keine Grenzen mehr.

Weil Margarete im Alter von 62 Jahren – ohne Vorkenntnisse und mit derart schlechten Voraussetzungen – aus Selbstliebe heraus solche Erfolge erreicht, ist sie für mich eines der allerbesten Beispiele, um für Hunderte und Tausende zum Vorbild zu werden: Um zu zeigen, wie man selbständig aus jeder Situation heraus auf´s nächste Level kommen kann."

Margarete May ist ein Phänomen, das ihresgleichen sucht.

Und wenn du hier klickst kannst du einen Termin bei Margarete buchen.

Verantwortlicher für diese Pressemitteilung:
Medienprofi – www.medienprofi.org – Herr Joschi Haunsperger

Margarete May

Copyright © 2019 Margarete May
Heinrich-Lanz-Ring 11
68519 Viernheim
Web: margaretemay.de
E-Mail: margarete.may(at)web.de

Auflage 1

Autor: Margarete May

Bildrechte & Lizenzen

Cover Bild: Canva

Es wird ausdrücklich darauf hingewiesen, dass dieses eBook kein Ersatz für medizinische oder psychotherapeutische Behandlungen ist. Die Tiefe des sich Einlassens auf Prozesse der Selbsterfahrung und -Veränderung bestimmst immer du selbst.

Printed in Germany
by Amazon Distribution
GmbH, Leipzig

20508865R00049